# 内なるカラ

## アジアの土につながる

Ayai Takeshi 綾井 健

社会評論社

北京
長春
吉林
松花湖
ムータン川
ウスリー川
天津
瀋陽
ハンカ湖
洛陽
黄河
遼東半島
鴨緑江
延吉
豆満江
開封
義州
清津
ウラジオストク
大同江
山東半島
大運河
平壌
元山
開城
洪沢湖
臨津江
淮江
ソウル
漢江
黄海
東海 日本海
札幌
錦江
大田
公州
南京
長江
無錫
大邱
青森
慶州
光州
金海
釜山
蘇州
洛東江
上海
北上川
最上川
銭塘江
杭州
済州
対馬
仙台
寧波
松江
甌江
長門
敦賀
福岡
阿武隈川
信濃川
温州
京都
琵琶湖
利根川
淡路島
坂出
大阪
大分
東シナ海
木曽川
天竜川
東京
吉野川
紀ノ川
福州
閩江
鹿児島
台北
伊豆諸島
台湾
琉球弧
N
W
E
S

目次

1

# 序章❖アヤとカラ

今、わたしは瀬戸内海につき出た五色台を背に城山《きやま》を南西に望む白峯山にいる。写真**1**で見ると、城山と金山がつくる稜線《りょうせん》の間、春霞《はるがすみ》の中に淡くぽこっと頭をだした山は讃岐富士といわれる独立峰の飯野山で、その左手前にゆたっと横たわるのが城山、その手前、左から右に流れるのが綾川《あやかわ》で、左手、画面の切れる五夜ヶ岳に隠れるあたりに律令制下、讃岐(香川県)の国衙《こくが》や国分寺が置かれていた。右手綾川の河口は坂出で、瀬戸内海の備讃瀬戸に注いでいる。綾川流域の地名は阿野《あや》という。備讃瀬戸には島々が四国と本州をつなぐように連なっていて、現在はそこに本四架橋が渡っている。

手前の丘の上に水を湛《たた》えているのは灌漑《かんがい》用溜池《ためいけ》の鞍谷池で、夏場に枯渇する讃岐の水田の備えには欠かすことができないものであり、奈良末期には行基、平安初期には空海らが讃岐に溜池を施工したと伝わっている。鞍谷池はそれほどさかのぼらない中世のものだろう。阿野は古代から部族集団の国としてひらかれてきた生き生きとした豊かな土地で、古代の部族が造景したものが今見ている景観である。古代の部族はアヤという。

八世紀、大和・河内の勢力がアジア大陸の情勢変化の影響を受けて覇権主義のもとに日本列島に律令制を敷くにいたって、阿野を中心とする讃岐は律令制に組みこまれていった。綾川流域の阿野には国衙や国分寺が置かれて讃岐国司のいる中心地になったが、時をへて、戦国期に讃岐の中心が分散して他所に重心が移り、また時が流れ、明治期になって阿野は西隣の大束川流域の鵜足《うだ》とあわせて綾歌《あやうた》郡になった。

江戸後期には綾川河口の坂出浜が塩田開発で隆盛をきわめ日本一の塩の産地になったが、もともと備讃瀬戸は古代から製塩が盛んなところで、備讃瀬戸の島々には古代の製塩竈《がま》の跡が残っている。坂出の塩田は太平洋戦争後の塩の生産システムの変化で廃《すた》れた。

古代には豊かな社会が営まれた阿野は、わたしの綾井が出た地域である。わたしの二代前の祖母が三人姉妹で塩田業の綾井を継ぎ、祖母は明治の中ごろ東京に進学したのを機会に豊後(大分県)の臼杵《うすき》から東京に出た祖父と所帯を構えてわたしの父を産んだ。孫のわたしは、祖母が発《た》って百年近くたった阿野にきて、古代アヤ集団が依拠した城山に対している。

城山は標高四百六十二・五メートル、この付近では一番の高さで視界はきわめて広く、西から北へは芸予諸島、伊予燧灘《ひうちなだ》、備讃瀬戸を挟んで吉備の山々、東は屋島、小豆島から淡路島、南には四国山脈と讃岐平野を一望する要衝の地であり、牛が伏せたような姿は瀬戸内海からはすぐにそれとわかるランドマークになる。城山はアヤ部族たちが築いた古代の山城《やまじろ》である。ここから東十八キロメートルの瀬戸内海につき出た屋島には百済で敗退した大和の中大兄《なかのおおえ》（天智天皇）が唐や新羅の追討に備えて六六七年に亡命の百済人に山城を築かせたが、城山の山城はもっと古い。律令制が敷かれる以前の阿野に、さまざまな部族が多様性をもってともに社会を営んでいた部族集団が自衛するための山城である。

城山の城構えは八合目以上の山頂台地を土塁・石塁で二重にかこみ、今でも古代の城戸《きど》や水口《みなくち》などの石造加工物が散在している［**写真2**］。この山から出た安山岩を加工したもので、一・七メートル×〇・九メートル×〇・五メートルのホロソ石をはじめ、マナイタ石、カガミ石などと呼ぶ城戸を構成する石材である。石塁は一メートル×〇・八メートルほどの平たい石を三メートルぐらい積みあげて、上面を三～五メートル幅の平坦《へいたん》な路面にしてあるので車道石塁と呼ぶ。山頂には須恵器《すえき》や土師器《はじき》の破片が散在している。またこの山頂は安山岩のサヌカイトを使った旧石器、高坏《たかつき》から刃器まである先土器時代の旧石器遺跡で、城山は三世紀ぐらいから徐々に固めた山城で、城山の南面は切りたっており、それを利用して石塁の山城を築いたようだ。石塁の下の谷あいに初期の畑はひらかれた。

石塁の東、南東につき出た尾根の先端の明神原と呼ぶところには大岩がたちならび、岩にかこまれた扇状の平地が三段になっていて、それゆえにこの城山はかつての古代祭祀《さいし》の神籠石《こうごいし》とみなされた。山城が築かれる以前から、切りたった城山はアヤ部族が祭祀する山であった。部族集団の中心性を示す険しい祭祀の山を、あとになって、部族集団が自らを守る山城にした、というのがあたっている。巨石祭祀がもとになった明神は律令制下の後代、この東の山麓《さんろく》の国衙に近いところに社殿を建てて城山神社《きやまじんじゃ》となり延喜式内大社に列した。祭神は讃岐国造《くにのみやつこ》の始祖という神櫛王《かんぐしおう》で、阿野の族長アヤの祖である。アヤ部族は、朝鮮半島の南端・弁韓《ビョナン》にあった阿羅加耶《アラカヤ》から三～七世紀に波状的に日本列島に渡った部族で、それゆえにここの地名は阿野で、綾川が流れる流域なのである。阿羅加耶は阿耶《アヤ》ともいい、加耶諸国のひとつである。加耶は日本では加羅《から》という。「魏志東夷伝」では弁韓といわれた。

古代に朝鮮半島南端の弁韓・加耶から楽土を求めて渡った部族は対馬、壱岐から玄界灘を渡って筑紫《つくし》にとりつき、関門海峡から周防灘、それを通過すれば豊国《とよのくに》の国東《くにさき》半島が突出して豊後水道と瀬戸内海に海路をわけ、ついで伊予灘から瀬戸内に進めば防予諸島をへて斎灘《いっきなだ》に入り、大三島のある芸予諸島を通って燧灘、先には島々が海中の柵のようにならび、旧加耶・加羅の諸部族が多く住む備讃瀬戸、そこで右手の城山や屋島を見ながら東進すれば小豆島にぶつかり、それをかすめて播磨灘に入ると淡路島がたちはだかり、左手の明石

2

海峡を過ぎれば海路は難波にいたる。屋島の手前の備讃瀬戸の右手に阿野はあった。

阿野のアヤ部族は、この地域から出土する土器などからすれば弥生式の稲作文化をもって渡った部族であったし、巨石祭祀から見ればもっと前から北方種族も含めた朝鮮半島南端の弁韓・加耶から波状的に渡ったもので、「魏志東夷伝」がいう倭人そのものである。倭人というのはなにも純粋種ではなく、古代の何世紀にもわたって〈倭〉と呼ぶ地域に周辺地域から渡って生息して社会を広げたさまざまな種族の総称なのだ。アジア大陸のほうからは、朝鮮半島の南から先が〈倭〉であり、そこに生息するものは〈倭人〉とされた。

以前からわたしには〈韓〉の読みかたが気にかかっていた。通常はカンと読む。三世紀の「魏志東夷伝」でいう馬韓、辰韓、弁韓、いわゆる三韓の、朝鮮半島南部を現代的にいう場合である。〈大韓民国〉というのもそこからきている。しかし、三世紀から四世紀にかけて朝鮮半島南端の弁韓に力をもった加耶諸国は加洛《カラク》や加羅《カラ》、あるいは加耶《カヤ》と呼ばれていた。カラやカヤというなら、〈韓〉というのももとはカラと読んでいたのではないかというのが素朴な疑問である。韓をカラと読むとすると、七世紀の大陸に帝国を築いた〈唐〉も日本ではカラと読んだがこれはいったいなんであろうか。〈唐天竺《からてんじく》〉や、〈唐獅子《からじし》〉などという場合である。日本列島では韓も唐もいっしょくたにカラと読んでいたのだ。

唐は七世紀前半に隋を倒して長安（西安）に大帝国を築き、朝鮮半島や日本列島に軍事や政治圧力を加えつつ、律令格式という国家としての制度や、仏教や儒教という宗教や学問、堤や都城、宮殿、寺院の建設技術など多くの先進文化を伝えた。七世紀から八世紀にかけて朝鮮半島や日本列島には、それぞれ統一国家が成立した。七世紀の唐の誕生によって、日本列島にとっては、カラとは文化文明の発するところの意味になったのである。

それ以前に朝鮮半島や日本列島に大きな影響を与えたのは紀元前二〇二年に成立した漢（前漢）で、日本列島ではこれをカンと読んでアジア大陸全体をさす。漢は前一〇八年に朝鮮半島のつけ根に楽浪など四郡を設けて東夷を支配し、道教や漢字などを伝えた。東夷とは中国からみた場合、中華に対する〈東の野蛮地域〉の意味である。

漢の刺激によって朝鮮半島のつけ根から遼東半島にかけていちはやく部族国家を形成したのは扶余《プヨ》族の高句麗《コクリョ》であり、扶余系の諸部族の南下によって朝鮮半島南部の三韓地域では百済《ペクチェ》や新羅《シルラ》、加耶諸国といった部族国家の形成を志向した。日本列島ではそれらを総じてコマやクレと呼んだ。高句麗からの連想である。

漢や魏の楽浪を除けば、朝鮮半島や日本列島に国家の意識はなく、諸部族が王者のもとで離合集散をくりかえしていた東夷である。漢字をもちいる文化をもった部族が朝鮮半島南部から北上したところにおり、稲作をしながら南下し日本列島にまでいたって、コマやクレと呼ばれていた。

高句麗形成の影響は朝鮮半島南端から日本列島におよんで〈倭〉と呼ぶ諸国を生みだした。一七八四年に筑紫の志賀島で金印が発見されたが、これは「後漢書」に記されたように漢の光武帝が紀元五七年に北九州の〈倭奴国《わのなのこく》〉の王者を倭王として封じたもので、三韓以南に古代の部族国家を認めたものである。三世紀末に著された「三国志」の中、「魏志東夷伝・倭人条」には倭諸国の中に〈倭奴国〉の名が記されてある。当時は邪馬壱（台）国の卑弥呼が女王として倭の諸国を統括したとされた。「同伝・韓条」とあわせて読めば、倭と呼ばれる地域は、狗邪韓国（弁韓）以南、朝鮮半島南端から対馬・壱岐を伝って九州や西日本にかけてをさしていて、朝鮮半島南端で倭と韓とは重層していたことがわかる。

弥生時代に日本列島に渡った諸部族がもたらした稲作や言語、生活習慣や文化、部族間同士の関係など、渡来部族は先進文化を新たな土地に定着させるべく日本列島の開拓をはじめて、何世紀にもわたり各地に散って土着した。北九州に上陸して各地に伝播《でんぱ》した水耕稲作は日本列島各地の生産性をあげ、人口を爆発的に増やすことになって社会を拡大した。

そのうち、稲作農耕や製鉄をよくした朝鮮半島南端の加耶諸国のうち阿羅加耶、つまり阿耶を出自とするアヤ集団は文章にたけ、綾織りをなし、最高文化の仏教の紹介者として寺院の建立や造仏もおこない、〈漢人《あやひと》〉と呼ばれた。漢字を操り仏教を語る当時の知識層というわけで、僧侶や官吏を多く輩出して〈文人〉や〈史人〉とも書き表す。古墳や堤の築造にもたけていて、とりわけ山城の造成には力を発揮したようだ。覇権を確立して国家を形成しようとするものにとっては先進文化を背負ってきたアヤ部族はたいへん重宝な存在であったのだろう。祭祀やそれに使う須恵器や土師器を作って土師《はじ》も生みだした。阿羅加耶は五六〇年ごろに百済に併合され、百済の一族として宋や南斉の貴族的な先進文化をもろに受けていた。そして、アヤ部族は六六〇年の百済の滅亡と、六六二年の大和・河内の勢力と連合した百済復興軍の敗退によって、百済人とともに朝鮮半島からはじきだされるように日本列島に居を移した。朝鮮半島の統一戦争からはじきだされて新たに日本列島にたどりついたイマキノアヤも旧来から日本列島に居留していた同族を頼って各地に落ちつくことができ、つぎつぎと新たな氏族を生みだして各地の豪族に育っていったのである。

綾織りとならんで機織りを伝えたハタ部族は金官加耶《クムガンカヤ》の出身で、太古より朝鮮半島と日本列島を行き来しながら漁労、酒造り、鉱山師や、神社・仏閣の建設、土木をよくしたことで有名で、阿野に隣接する鵜足にはハタ部族の足跡は多いし、後に京になる山背《やましろ》（京都）をひらいたことでも知られる。ハタ部族は日本列島に先進文化を伝えるとともに各地に一大勢力を築いた。金官加耶は四世紀ごろ、洛東江《ナクトンガン》河口西岸の金海《キメ》に製鉄と交易によって極東の自由都市として栄えた地域で、海洋民が多かった。五三二年に新羅に併合されて金官加耶の王族らは鶏林《ケリム》（慶州《キョンジュ》）に居を移して新羅の貴族になったが、国家に与しない自立の部族は海洋の民と糾合して新天地を求めた。その部族が日本列島に渡って各地の豪族になったのがハタ部族であり、海洋に思いをはせて祖先神を祀《まつ》ったのが豊前・宇佐の八幡や、伊予・大三島の大山祇《おおやまずみ》、難波の住吉といった海洋神である。

七世紀の朝鮮半島の新羅で国家統一の将軍になった金庾信《キムユシン》のもとは金官加耶。九世紀の日本列島の平安朝廷で東国侵略の将軍になった坂上田村麻呂は大和の檜前《ひのくま》出身で、そのもとは阿羅加耶。ともにもとをただせば加耶にいたる。日本列島では加羅や任那《みまな》と呼ぶ。加耶・加羅は、朝鮮半島から日本列島にかけて混沌《こんとん》とした時期に統一新羅や大和朝廷の国家形成に一役かっていた。いや、古代の加耶・加羅や倭と呼ぶ朝鮮半島南端地域に稲作と製鉄で蓄えられたパワーなくしては、唐という大帝国に対抗する統一新羅の朝廷や日本列島の大和朝廷といった古代国家の形成はできなかったであろう。それほどに加耶・加羅には歴史を切り開くポテンシャルが秘められていたと思われる。アジアの東夷と蔑《さげす》まれた辺境の意地が中華に対抗したといってもよい。そして、さらに東端の日本列島にとってカラとは多様性をもった高い文化が輝きを放つ楽土を表す呼び名になった。

ここでお断りしておかなければならないが、わたしは歴史の専門家ではないので、日本や韓国の歴史そのものを語ろうとは思っていない。

歴史はえてして特定の国家や種族を正当化するためにもちいられてきた。とくにアジアでは中国の各朝廷興亡の記述として史志があった。周辺はそれを模倣して国史の編纂《へんさん》をした。「三国史記《サムグクサギ》」や「日本書紀」は朝鮮半島の三国や大和王権を権威づけるために中国の「三国志」をまねたものだ。できてしまった国家を云々《うんぬん》するのが歴史であり、政治である。歴史は国家に霊的な力を与えすぎた。歴史を個人でしょいこむには重すぎるし、わたしはそんなことをしようとは思わない。国家などは幻想にしかすぎないとすら思っている。

おまけに、日本、韓国といった国家体制をもとにそれらの歴史を語ろうとする場合、国家観が生みだした差別意識がものごとをみる目をくもらせる。たとえば、阿野に生息したアヤ部族の同類とみなされる大和・檜前のアヤ部族を東漢と記してヤマトノアヤと呼ぶが、それは大和の勢力が国家体制をつくろうとするときに、あらたに中国流の文化をもってきたアヤ部族に対して中華に列するために氏姓が必要になってつけた呼称であって、アヤ部族が加耶諸国のうち「日本書紀」に表記する阿（羅加）耶を出自とする種族であるからつけられた呼称なのだ。そこには律令制の国家観を背景にした歴史観がうかがわれる。わたしはそんな観念にとらわれたくない。どうしてそうなったかを頭をサラにして考えなければならない。

わたしは祖母が発した阿野に懐かしさを覚えて、わたし自身のイメージの飛躍のためにものごとのつながりをさかのぼっているにすぎない。わたしのありようを拘束してやまない文化や歴史といった足枷《あしかせ》を個人の思考力や想像力でもって断ちきって、わたしの意識は自由でありたい。わたしは根なし草の最たるアヤの末裔《まつえい》、生まれついての〈怪しい〉存在なのだ。ためにする歴史観などわたしにとってはどうでもよいことである。たまたまわたしが生まれ育った環境が二十世紀の日本と呼ぶところだっただけのことであり、わたしの血は国家や歴史などに拘束されることなくさかのぼれば簡単に海を渡って国境を越えて、アジアの土につながってしまう。それはわたしに限ったことではなく、日本列島で生を受けた多くの人の血統を手繰れば朝鮮半島の奥に入ってしまうに違いない。日本列島は極東アジアの朝鮮半島のさらに先にあって、人種、種族の雑多に混在する吹き溜《だ》まりのようなところなのだ。

わたしの祖母が出自した讃岐の阿野にある城山を望んで古代のカラを強く意識する自分があった。アヤ集団が出たカラの故地はどのような風土なのか、千数百年の時空を飛んで、それが現代までどのように伝わっているのか直接自分の目で確かめたいと思って、わたしはカメラをもってカラを求める旅に出た。そして、一九七九年の、はじめてのカラへの旅以降、撮りためてきた映像群と向きあってみた。わたしにとって、カメラのファインダーを見ることは自分にものごとの思考を促すことであり、シャッターをきって撮った映像は意識をそこに定着させる大きな力になっていた。どんな歴史書を読むよりも現地を見て感じ撮ることがわたしにとっては確かなことなのだ。

さあ、カラとはなにかの旅が今ここにはじまる。

# 第一章❖カラをいく

## 許皇玉の墓といわれるもの

朝鮮半島の南部は東海岸ぞいの太白《テベク》山脈と小白《ソベク》山脈がわかれて複雑な谷を形成し、その間を洛東江《ナクトンガン》が流れている。本流から枝葉のように延びる谷あいを単位に早くから稲作水田農耕が発達し、鉄製農機具の使用で生産性を高め、部族が連合体に発達して加耶《カヤ》や加羅《カラ》と呼ばれた。日本列島でいう弥生式農業社会である。三世紀に著された「魏志東夷伝」では弁韓や狗邪韓国と呼ばれた地域でもある。洛東江は加耶の諸国をむすぶ幹のような大河だ。

紀元四二年の三月、洛東江河口の西岸、金海《キメ》のとある丘の天上から〈誰かいるか〉と大音声が響いたという。集まっていた者たちが〈わたしたちがおります〉と答えると、つづいて〈ここはどこか〉と問うので〈亀の頭のようになっているところであります〉と答えた。すると天の声はおごそかに、〈天神が朕《ちん》を、この地におりて国を建てて王として治めるよう命じられた。お前らはこの山の上の土を掘り、「もしもし亀よ、首をだせ。もしも首をださないと、お前を焼いて食べてしまうぞ」と唱えながら踊れ。それが朕を奉迎する証しである〉というので、集まっていた者たちが言われたとおりに唱えながら踊ると、天から紫色の綱にぶらさがって赤い絹に包んだ黄金の箱がおりてきたので中を見ると黄金の卵が六つ入っていた。その箱を首長の家にもっていき、翌日ふたたび行って箱を開けてみると中の卵は六人の男子に変わっていて、日に日に成長して十日を過ぎるころにいちばん大きく九尺までに育った者をその月の十五夜に即位式をあげて金官国《クムガングク》の王とし、ほかの五人をそれぞれ五加耶の王にしたというのが「三国遺事」に記された金官加耶の建国説話である。

それで亀の頭の形をした丘を亀旨峰《クジボン》と呼び、黄金の卵で降臨した王の名は金首露《キムスロ》という。

やがて首露王が天の啓示によって主浦《ジュポ》に出ると、そこに西南から大舟がやってきて、その舟には天竺《てんじく》（インド）の王女許皇玉《ホホアンオク》が、妹の宝玉《ポオク》と数十人の男女侍従とともに乗っており、上陸して首露王に嫁入りしたという。皇玉らが上陸した主浦は国名になったが、対外的には金官加耶と呼ばれ、のちにその一帯を任那《イムナ》とも呼ぶようになった。

3

皇玉は十人の王子を産んだという。長男の居登《コドン》を太子とし、二人は母系の許氏として、他の七人は宝玉（長遊和尚《チャンユファサン》）の導きで仏門に入って智異山《チイサン》に七つの仏庵を設けたそうだ。まだ護国仏教になる以前の古代仏教である。

その仏教に篤かった〈許皇玉の墓〉と伝えられるのが、亀の背の地形というなだらかな丘の中腹に南面してある円墳である［写真3］。しかし、この古墳は出土品などから四世紀後半の加耶の豪族のものと考えられる。つまり、紀元一世紀に天竺から渡った許皇玉の墓と伝える墳丘は、実は、四世紀に金官加耶を形成した豪族が権威の象徴として造景したものなのであった。それがいつのまにか首露王妃・許皇玉の墓といわれるようになったのだ。

墳丘は南向きに開口して玄室の床と壁を石で固め、その上に長い板石を数枚重ねた横穴式石室墳という。土と芝草で覆われて外からはまったくわからない。日本列島にある古代豪族の古墳とそっくりなものだ。違っているのは手入れがいきとどいた墳丘ということである。なだらかな丘の麓《ふもと》に、いままさに地面が隆起したのか、それとも地面の凸部がもとの平らな地面にもどろうとしているのか、微妙なバランスで芝の墳丘はできている。ゆったりとして精神の豊かなさまがうかがえるものだ。

紀元四〇年ごろから新羅《シルラ》に併合される五三二年まで、金官加耶は約五百年つづいたことになる。洛東江でつながる加耶諸国の中で、洛東江の河口に位置することから古代交易の中心となる主要な国である。亀旨峰には前三世紀の支石墓［写真4］があり、支石墓の分布からすれば、海を跨《また》いで日本列島の北九州や北陸沿岸につながる倭の中心でもあったことがわかる。鉄をよく産出し、交易の通貨は金海でつくられた鉄鋌《てってい》だった。鉄鋌は溶かして使えばなににでもなるきわめて実用的な貨幣で、それは四世紀の古墳に副葬されていた。

金官加耶では製鉄技術によって高度化した水耕稲作と、それに加えて交易で力を蓄えた豪族が王者になったことが古墳の副葬品によって知れる。多くの舶来品が出土しているのだ。加耶の王者はカンと呼ばれていたようだ。北方の部族と同じである。朝鮮半島のつけ根から南下した扶余《プヨ》族たちは金官加耶を通って日本列島におよんだ。朝鮮半島南端の地域は北方の内陸と交流して、言語の基本形態が同じであったのだ。青銅器にかかわる加耶の製鉄技術は四〜五世紀に武力によって勃興《ぼっこう》する新羅や大和・河内の勢力がもっとも求めたもので、そのため新羅は金官加耶を懐柔したり圧力を加えたりして五三二年に併合し、その技術や文化をわがものにして飛躍した。

洛東江河口にさまざまな部族が集ってできたのが金官加耶であった。河口の金海から海に出て西回りに州胡《ジュホ》（済州島《チェジュド》）をへて黄海を北上すれば中華の出張所のような楽浪（平壌《ピョンヤン》のあたり）に、そして高句麗《コクリョ》や、遼東半島や山東半島から黄河に、それをさかのぼれば中華の洛陽や長安（西安）にもつながり、南は対馬、壱岐をへて筑紫、豊国、出雲、若狭、そして瀬戸内海沿岸といった日本列島側の倭の諸国につながっている。金海は高度な文化

をもった極東の交易センターであった。高句麗など北方の部族も出没したし、倭諸国からみれば金海は中華の入り口なのだ。海路のさらに南は琉球弧、台湾、海南島をたどればインドシナ半島やフィリピンにもつながっている。金海は多くの種族が離合集散して多様な文化を発信する国際的な自由都市だったと考えられる。

# 末山里古墳と阿羅王宮の址

金海《キメ》から西北西に洛東江《ナクトンガン》をさかのぼった咸安《ハマン》のなだらかな丘の上に展開する〈末山里《マルサンニ》古墳〉は加耶諸国の主要国のひとつ阿羅加耶《アラカヤ》のものである［写真**5**、**6**］。前章でふれた讃岐の城山《きやま》を築いて阿野《あや》を営んだアヤ部族の故地である。峰つづきの近くには〈阿羅王宮址〉と伝えられるものもあり［写真**7**］、四世紀ごろのものと考えられる。古代の丘上都市の址《あと》である。都市といってもまだ条里制などはない。丘の上には生者の住環境と死者の世界とが同居していた。部族が山上から洛東江を見おろしながら外敵をみはり、防衛的な生活をする古代の山城《やまじろ》である。丘の稜線に大きな墳墓を連ねるのは加耶の特徴であるが、それはそれほどの権力者の存在と、社会秩序が成立していたことを表している。

さきに述べた金官加耶《クムガンカヤ》には南方系の言い伝えもあることからすれば、洛東江でつながる加耶全域は日本列島も含めて早い時期に南北が混交した種族なのだろう。そこが倭《ウエ》や任那《イムナ》、加耶《カヤ》、加羅《カラ》、加洛《カラク》と呼ばれていた。陸伝いに北方から伝わったと思われている仏教にしても、加耶・加羅には長遊和尚《チャンユファサン》というインド尼僧によって紀元一世紀に直接南の海から伝わったといわれているのである。それほど加耶・加羅には、南方系の文化の色あいが濃い。

阿羅加耶は朝鮮半島がまだ国家の体をなしていなかった六世紀以前の加耶諸国のひとつで、現在の慶尚南道《キョンサンナムド》の咸安を中心とする地域に比定される。〈耶〉とは〈羅〉の変形、集合の意味で国を指す言葉であり、阿羅《アラ》、阿耶《アヤ》ともいう。南下する高句麗《コクリョ》、百済《ペクチェ》、新羅《シルラ》の圧力を受け五六〇年ごろに百済に併合されて消滅した。加耶諸国は高句麗や百済と同様に大陸東北部にいた扶余族が南下して弁韓の地に土着した諸部族が連合したものと思われているが、阿羅加耶の発生は歴史の空白域でわかっていない。ほかの加耶諸国と同様、洛東江流域の谷あいに形成された部族連合で、稲作農耕と製鉄をよくし、いっときは百済の誘いから日本列島の勢力と外交関係をもつほど加耶諸国の中でも主要国のひとつであったが、そののち、朝鮮半島で力をもった百済や新羅に混然となって阿羅加耶のことは不明である。

朝鮮半島南部から日本列島の北九州、瀬戸内海、北陸沿岸にかけて、さらには日本列島各地に居住した倭人たちとよっぽど通じあえたのか、阿耶人は多数、日本列島に居を移して足跡を残している。阿羅加耶が名を残しているのは五世紀初頭の〈広開《カンゲ》土王《トワン》碑文《ピムン》〉である。

阿羅加耶の歴史に関しては韓国ではあまり問題にされていない。むしろ、阿耶を出自とする種族が製鉄技術や稲作農耕、墳墓や山城の築造をはじめとする土木技術、文字や服飾をもった先進文化人として三世紀から七世紀にかけて波状的に日本列島に移動してアヤやアラを名のったことによってその故地が逆照射されたと考えられるのである。日本でアヤやアラをあてる字は、漢、阿、綾、文、史、荒、新、穴などで、それらは当時の先進種族を表している。なにしろ古代は長安（西安）、洛陽や瀋陽に都する漢や魏の中華からは、朝鮮半島の南端部から北九州や山陰、北陸沿岸、そして瀬戸内沿岸にかけた東夷の末端が倭と呼ばれて一体のものだった。ということは、海路でつながる倭と呼ばれた地域は、大

5

6

局的にみれば同質の文化圏であったのだ。倭の一部である大和・河内の勢力が隋や唐の刺激を受けて日本列島の一大勢力として覇権をもって〈日本〉を名のり閉鎖的な文化圏を形成しようとするのは八世紀はじめのことで、それよりも早くに日本列島にきていたアヤ集団は大和朝廷の成立に先進文化をもった便利屋として深く関わったことになる。

日本列島におけるアヤシという言いかたにしても、もともとの生活領域が後世になって畿内を中心とする律令体制に組みこまれて氏族につけられた呼びかたで、なにも国家に帰化したわけでも、渡来してきてなったわけでも、なんでもない。なにしろ帰属すべき日本という国家や律令という制度のほうがあとにできたのだし、加耶出身のアヤ部族は倭族の一種として朝鮮半島と日本列島とを橋渡ししていたのである。氏や姓などはあとになって国家が制度として要求したもので、それ以外のなにものでもない。「日本書紀」に出てくる〈帰化人〉などという言いかたは、八世紀に大和・河内の勢力が大和に朝廷を開くにあたって都合のよい歴史記述をするために使った用語なのである。

7

同様のことは金官加耶を出自とする帰化人もしくは渡来人の最大勢力ハタ部族に関してもいえる。伝説の聖徳太子（厩戸王子《うまやどのおうじ》）のスポンサーで、山背《やましろ》（後の平安京／京都）をひらいた秦河勝《はたのかわかつ》にいたっては秦の始皇帝（在位紀元前二四七～前二一〇年）の末裔《まつえい》と、はったりをかましたというし、国家や帰化などはなはだめんどうくさい。ハタを起源とする地名や足跡は日本列島のいたるところにある。秦をはじめ、幡、旗、畠、畑、羽田、波多、八田などがついたのがそれである。さらにはそれらから発して多くの氏や姓を生んでいる。

## 池山洞古墳群と山城の址

洛東江《ナクトンガン》をさらにさかのぼって支流の大加川《デカチョン》に入ると大加耶《デカヤ》の中心であった高霊《コリョン》にいき着く。高霊国ともいう。高霊は盆地に位置して背後の主山《イサン》の谷あいに村々があり、その中の池山洞《チサンドン》の尾根には今なお四十基もの大きな古墳が連なっている［写真**8**、**9**］。丘上に連なる墳墓は阿羅加耶でもみたように加耶地域に広く分布して、日本列島にも姿を残している。朝鮮半島の南端以南の〈倭〉の古墳形態で、その意味からも古代には半島南部と対馬、壱岐でつながる北九州を中心とする日本列島西南部とは〈倭〉と呼ぶ南北が混合した一体の文化圏を形成していたことがわかる。おまけに古墳からは琉球弧で採れるアコヤ貝を使った貝匙《さじ》（スプーン）が出て、琉球との文化交流まであったことがわかる。

古墳群は標高三百十一メートルの主山南腹に五世紀に築かれた。大部分は竪穴式石室に箱式石棺をおさめたもので、小高い饅頭《まんじゅう》形の円墳が尾根の樹々の間から頭をのぞかせている。五トンもする蓋《ふた》石は花崗岩《かこうがん》で、加耶山のものという。

〈池山洞の古墳群〉はずいぶん盗掘された。近くには二十世紀初頭に日本人によって、八世紀の「日本書紀」がいう〈任那《みまな》日本府〉の証拠探しとして掘り返されたが、なんの確証も得られないままに終わった。五四〇年代に百済《ペクチェ》の主導で対新羅《シルラ》のための任那復興会議がこの地でもたれたというので、もしかしたらここが日本府のあったところかと期待したらしいのだが、それらしい跡はなにもみつからなかった。韓国人によるまともな発掘調査は二十世紀後半からで、以前の調査で荒らされたあとではずいぶんやりにくかったようだ。

前調査で荒らされた中でもいちばん大きな墳丘墓は底径が三十メートル、高さが十メートルあり、そこの新たな調査では、中心に竪穴で大きな石室を構え、左右に同程度の石室を従え、周囲に三十二基の石棺や石槨《せっかく》をめぐらせて、それらは同時期に埋葬されたことがわかった。このことは大きな権力の存在や主従関係の殉葬があったことを証明した。

大きな墳丘墓を築くための土木工事は多くの労働力と鍬《くわ》などの鉄製工具がなければかなわない。おまけに墳丘の中には水はけを施した石室などの空間を工作するのである。権力者の墳墓を築くためにはそれにさきだつ稲作灌漑技術が蓄積され集約されていなければならない。それはこの地域が水田稲作の灌漑技術として育ててきたものであった。

高霊の大加耶は金官加耶《クムガンカヤ》や阿羅加耶などと同様、洛東江の流域に稲作農耕と製鉄の発展

8

9

とともにできた加耶諸国のひとつの国である。加耶諸国は瀋陽の魏王朝からは弁韓と呼ばれて辺境の野蛮地域のひとつと思われていたが、五世紀には大加耶は砂鉄や鉱脈の開発で鉄製の農機具や武具を備えて加耶諸国のなかでも最大の勢力をもって盟主になり、百済の仲立ちもあって南斉から国として認知された。古墳の中からは五世紀当時の鉄製の王冠、鎌などの農機具、鏃《やじり》や刀剣などの武具、また馬に用いる馬冑《ばちゅう》などを出土してその勢力を示している。日本列島各地の豪族の古墳から出土するものと同じである。朝鮮半島南端の加耶・加羅は東夷の倭として日本列島と通じあっていた。新しく勃興する朝鮮半島の新羅や日本列島の大和や河内の勢力は武力を増強するためにここの鉄を欲しがったようだ。

高句麗《コクリョ》や新羅らの攻撃に対する王都防衛のための山城は東方の望山《マンサン》と西方の主山にあり、写真の古墳群がある主山のものは石で築いたものと土塁を固めたものとふたつの内城で、ふたつの内城をかこむように土塁の外城が築かれていた。石塊や古瓦の破片が今なお山中に散在している「写真**10**」。これらはいわゆる朝鮮式山城というもので、前章でみた讃岐の城山《きやま》と同様なのだ。内城とは最終的な防御のために戦う城で、外城は邑里《ゆうり》が襲われたときに村民が避難してやりすごすためのものと考えられる。

大加耶は、高句麗、新羅などの侵略には徹底抗戦でこたえたが、五六二年の新羅の大攻勢に屈して軍門にくだり、これによって加耶の全域は新羅に併合されて新羅の版図拡大の

きっかけとなった。鉄を完全に手中にしたことで新羅の軍事力が強化されたのだ。「三国史記《サムグクサギ》」は、〈加耶国（大加耶）の嘉悉王《ガスワン》は十二弦の琴を作って十二カ月の律をかたどり、干勒《カンルク》に曲を作らせた。その国が乱れるや、その楽器を携えてわが国（新羅）に投じてきた。楽器の名は加耶琴である〉と記していて、奈良・東大寺の正倉院が所蔵する新羅琴が実は加耶琴のことで、加耶・加羅は新羅に文化面でも強く影響を与えたことがわかる。

## 菁堤池という古代の灌漑用水池

慶尚北道《キョンサンブクド》の永川《ヨンチョン》市にある〈菁堤池《チョンジェジ》〉［**写真11、12**］が築かれたのは近くに立つ石碑によって五三六年であることがわかっている。新羅《シルラ》が年号を建元とした年である。新羅は二十三代の法興王《ボプンワン》（在位五一四～五四〇年）と二十四代の真興王《ジンフンワン》（在位五四〇～五七六年）のときに版図を大きく広げるとともに、鉄製の工具で農耕地の開墾をおこなった。六世紀は新羅が部族連合体から王権をもとにする古代国家に変わろうとする時期でもあった。

五〇三年、群臣が知証麻立干《チジュンマリプカン》に、〈始祖（朴赫居世《パクヒョッコセ》）が国をはじめて以来まだ国名が定まらず、斯羅《サラ》や斯盧《サロ》や新羅などといっています。私たちが考えますには、新の字は「徳業は日々新たなり」の意で、羅は「四方を網羅する」の意ですから、「新羅」を国名にするのがよろしいかと思います。また、始祖が国を建ててから二十二代でありますが、まだ王号が決まっていません。私たちが協議したところ、謹んであなたさまに新羅国王の尊号を捧《ささ》げます〉と進言して国号と王号を定めたと「三国史記」は伝える。つぎの法興王からが王号のはじまりで、それまでは加耶と同様、王者をカンと呼んでいた。これは北方から伝わった呼びかたである。

五〇五年に知証麻立干は異斯夫《イサブ》を軍主にして東海岸ぞいに領土を南北に広げた。州郡県制を敷くとともに水運をめぐらして統治機構をつくり、五〇八年に始祖廟《びょう》を神宮にし、翌年には鶏林《ケリム》（慶州《キョンジュ》）の東に市場を設けて王都を形成、各地に農業用水池を設け、牛耕法の奨励とあいまって農業の生産性を高めた。土木事業が盛んであったのである。加耶・加羅の鉄を求めて鉄製の農機具や工具を用いたことはいうまでもない。法興王になった五一四年には小京《ソギョン》を阿尸《アシ》村に置いて、六部《ユクブ》（建国当時の六つの邑里の部族）と南方の住民を移住させて鶏林の盆地だけでなく地方の活性化をはかり、王都を中心とする貴族連合国家を整備した。五一七年には兵部を設けて軍隊を編成し、五二〇年には貴族に色服を定めて身分を区分した。五二七年には国家護持の仏法をおこない、五三一年に上大等《サンテドン》（和白《ファベク》会議という合議制の最高機関に列席する上級貴族の筆頭）の官職を設けて貴族連合体制を強化し、五三二年に金官加耶《クムガンカヤ》を併合して製鉄技術と交易の拠点を獲得した。

五三六年築堤の菁堤池は、新羅が加耶諸国を併合しながら、谷あいの稲作農耕から平地

11

12

の農耕に移行して、王権をもとにする古代国家になろうとする姿を今に伝える造景である。
谷あいでは水の流量が一定しているので水田への給水が比較的容易なため、初期の水耕は高低差を利用して谷あいでおこなわれた。平地では河川が暴れてそうはいかない。

平地の湿潤地を畑にするのにはまず排水溝を穿《うが》って水を抜く。つぎに、畑に給水するには川から直接取水するのではコントロールしにくく、そのため平地近くの高台に貯水池が必要になる。適度な谷あいが最適である。貯水池を造るとなると平地を掘らなければならないし、高い堤も築かなければならない。そのための築堤には膨大な労働力を要するから強い権力機構がなければかなわないし、古代にあっていわゆる皿池の灌漑《かんがい》用水池を築くことは当時の土木技術の集大成なのであった。築堤土木工事にはなによりも鉄製の工具が不可欠である。

菁堤池は平野が近く、谷あいが平野に開いていく位置に築かれて、約千五百年近くたった今なお満々と水をたたえている。築堤の技術があれば、水はけが難しかった平地に墳丘墓を築くことも可能になった。そのようにして新羅は加耶の部族や技術を組み入れて体制を強化していった。

## 真興王の拓境碑に征服王朝の姿をみる

昌寧《チャニョン》郊外の小高い丘の上に、周囲を畑にかこまれて一・八メートルほどの自然玉石が立っている。野面《のづら》の立面に古代文字が刻まれた六世紀、高句麗《コクリョ》・百済《ペクチェ》・新羅《シルラ》三国鼎立《ていりつ》時代の石碑で、風雨に対する傘のように吹きさらしの小屋がかけられている。［**写真13**］

石碑の文面は新羅の真興王が、百済と同盟関係にあった大加耶《デカヤ》を征討するにあたって臣下と昌寧で会盟し（五六一年）、周囲の住民を慰撫《いぶ》して版図を示したもので、国境を広げる意味で〈拓境碑《タッキョンビ》〉という。獣が木や石に匂《にお》いをつけて自分の領域を誇示するマーキングと目的は同様で、人間が覇権を誇示するために大地につけた石碑というマーキングが約千五百年にわたってありつづけているのである。真興王のマーキングはこの慶尚道《キョンサンド》昌寧のもののほか、咸鏡道咸州郡《ハムギョンドハムジュ》、咸鏡道利原《ワオン》、ソウル北漢山《ブックハンサン》山頂の三カ所にある。

真興王が敵対視した百済の名がはじめて歴史に登場するのは「晋書」で、三七二年に江南の東晋に朝貢した近肖古王《クンチョゴワン》は〈鎮東将軍領楽浪太守〉の号を受けたことが記されている。その後東晋は衰え、旧楽浪はもちろん遼東地方を支配して勢力を増した高句麗の圧迫に百済は苦しみ、南朝宋の冊封《さくほう》を受けて高句麗と対した。それから一世紀後の四七五年、高句麗の大軍に王都の漢山城《ハンサンソン》（ソウル）は攻められて七日で陥落し、蓋鹵王《ケロワン》一族は処刑されて漢江《ハンガン》流域を本拠にする百済はいったん滅んだ。その年、部族連合の一部は漢江流域を棄《す》てて南下し、錦江《クムガン》流域の熊津《ウンジン》（公州《コンジュ》）に都を置いて、まだ地域連合の弱かった旧馬韓の南部（全羅道《チョンラド》）を治めて百済はすぐに復興した。南は耽羅国《タムラ》（済州島《チェジュド》）までも支配し、北方の高句麗に対しては新羅と同盟、朝鮮半島南端部の旧弁韓の倭《ウエ》族を誘って南宋に服属し、将軍号を多数受けることとなった。百済と加耶・加羅との交流が深まったのである。

一九七一年、公州の宋山里《ソンサンリ》で磚《せん》（レンガ）を組んだ玄室をもつ墳墓が発掘され、そこから百済の武寧王《ムニョンワン》（在位五〇一～五二三年）と王妃の墓碑が発見された。金の王冠なども出土して世紀の発掘といわれ、隣接する同型の墳墓にある四神の壁画などから百済は高句麗と同様の北方系と考えられた。百済のもとは北方から朝鮮半島に南下した扶余《プヨ》族の一派なのである。「三国史記・百済本記」は耽羅がはじめて百済に朝貢したという武寧王が在位した五〇八年からはじまっていて、武寧王のころが百済がもっとも栄えたときのようである。

百済は五三八年に都を熊津から泗沘《サビ》（扶余）へ移して国内を整備した。同じ年に大和・河内の勢力に仏教を伝えて、これが日本列島に仏教が公式にはじまった最初とする。百済は中国南部と海を渡って交流して、朝鮮半島の中では文化的にもっとも進んだ地域であった。扶余族によってできた北方の高句麗に対して国号を〈南扶余〉として、五四一年には梁に仏典や儒学者、医者、工匠、画師などを求めている。

五五一年に百済は加耶諸国や新羅と連合して高句麗と戦い旧王都漢山地方を奪還したが、翌年には新羅が一転して高句麗と連合、百済は大加耶《デカヤ》や阿羅加耶《アラカヤ》とともに大和・河内の勢力に援軍を要請するが、いったん奪回した漢山城は新羅に奪われることになった。

13

ところで、いうまでもなく昌寧の丘、新羅・真興王の拓境碑に刻まれた文字は漢文で、中国王朝の漢字書体がもちいられている。長安（西安）に都する漢が紀元前二世紀の東夷に楽浪をはじめ四郡を設けたのは、あまねく天下に中華をおよぼそうとしたことで、それから七百年、いみじくも目的は達成されていた。六世紀に真興王が漢文を刻んで石碑にしたことは、かつて文字をもっていなかった韓《から》の支配者がその時代にはそれほどの中華風の文化をもった王者になったことの証しであって、周辺住民にとっては石に刻まれた漢文が読めなくても新興勢力の新羅王の権威は充分に読みとれたことなのであった。

昌寧の拓境碑建立の翌年、真興王は加耶諸国の盟主・大加耶を落として新羅の飛躍を生んだ。昌寧の真興王拓境碑は、アジア大陸の三国抗争に端を発した大きなうねりが朝鮮半島三国の版図争いとなって朝鮮半島と日本列島をつき動かして、七世紀末から八世紀はじめにかけてそれぞれに統一国家を生みだした端緒になったことを千五百年もの時空を飛んで現代に伝える造景なのである。これによって新興の新羅に組みこまれた加耶・加羅の実体は朝鮮半島の表面からは消えて、深く潜行することとなった。

## 慶州の古墳公園は王墓の群れ

紀元前六九年三月、六つの村の首長を先頭に村人たちが閼川《アルチョン》（慶州《キョンジュ》）に集まって、〈君主を迎えて国を建てよう〉と相談していると、南山《ナムサン》の麓《ふもと》、蘿井《ナジョン》のあたりで異様な気配がして光の束のようなものが天から地に降りていたという。そこで一頭の白馬がしきりにお辞儀をしているので行ってみると、一個の紫の卵があったので割ると一人の童子が現れた。東泉《ソクチョン》で沐浴《もくよく》すると全身が光り輝いたという。村人たちが喜んで〈天子が天から降りてきた。つぎには王妃を探さなければならない〉と言っていると、閼英井《アルヨンジョン》のあたりに鶏竜《ゲリョン》が現れ、その左脇からみめ麗しい童女が生まれたが、唇が鶏の嘴《くちばし》のようであった。童女を月城《オルソン》（王城）の北の川で沐浴させると嘴は弾《はじ》け落ちた。このふたりが十三歳になったとき王（朴赫《パクヒョッ》居世《コセ》）と王后（閼英夫人）にして鶏林《ケリム》（王都や国名を指す古名）を建国した――というのが、三世紀末の「魏志東夷伝」に辰韓《チンハン》の斯盧《サロ》国といわれた新羅《シルラ》の建国説話である。

王が卵に入って天から降りてきたり、王妃と対になって語られたりするところは金官加耶の建国説話と同様である。

新羅の始祖廟は二代の南海王《ナメワン》によって紀元六年につくられたという。それが神宮につくりかえられるのは五〇八年の知証麻立干《チジュンマリプカン》が古代国家を建設しようとするときである。

新羅がはじめて中国の歴史書に現れるのは三七七年で、このとき新羅は高句麗とともに前秦に入貢したことが記録されている。三八二年には新羅の楼寒《ヌハン》が衛頭《ウィド》を前秦に派遣して美女を献じたという。三九九年、新羅の奈勿麻立干《ナムルマリプカン》は高句麗の広開土王《カンゲトワン》に使者をだして、

〈倭軍《ウエグン》（加耶《カヤ》のこと）が国土を占領して新羅王を家臣にしてしまいました。新羅王は倭の家臣になるくらいなら高句麗に仕えたいので、ぜひ救援願いたい〉と願い出たので、翌年、広開土王は歩兵や騎兵あわせて五万の大軍を送って倭軍を追いはらい、任那《イムナ》（金官《クムガン》のこと）まで進撃したところ阿羅軍《アラグム》が反撃に出たので、高句麗軍は鶏林に撤退して新羅の王城を確保してくれたため奈勿麻立干は高句麗に家臣として朝貢したという。（中国・吉林省集安の〈広開土王碑〉碑文や、「三国史記」による）

当時の高句麗は朝鮮半島の大半と現在の中国の遼寧、吉林両省の大半、黒竜江省の南部からロシア沿海州におよぶ広大な版図をもっていて、百済《ペクチェ》や朝鮮半島南部と版図争いをくりひろげていた。新興の新羅はその間で独立をとげようと躍起になっていた。

隆盛を極める新羅では、拓境碑《タッキョンピ》を設けた真興王《ジンフンワン》の時代になると、〈花郎《ファラン》〉と呼ばれる美貌《びぼう》の青年貴族が選ばれてその下に花郎徒《ファランド》が形成された。新興国家の形成には若い指導者が必要とされたのだ。花郎徒は貴族の教育訓練組織であり、彼らは慶州の南山《ナムサン》など山水勝地に遊び、心身を鍛え、武術を磨いて戦時には兵団を結成したという。その行動原理は儒教の〈君に忠、親に孝〉を規範にしたようであるが、同時に、〈不退転〉といった老子の道教の色彩が強く、また、仏教の弥勒《ミルク》信仰が強く影響していた。古代新羅の国家指導原理には中国ゆずりの儒・道・仏の三教が一体になっていたのである。

興武王《フンムワン》と謳《うた》われた統一戦争の英雄・金庚信《キムユシン》は旧金官加耶《クムガンカヤ》最後の九亥王《クヘワン》（在位四八九〜五三二年）の曾孫にあたるが、旧加耶出身で新羅貴族の一員であった彼は十五歳にして花郎に選ばれて花郎徒を結成し、数々の戦場で大活躍して指導力を示した。彼の花郎徒は〈竜花香徒《ヨンファヒャンド》〉と呼ばれ、庚信を弥勒菩薩の再来と仰いで結集したという。庚信が帯びた鉄剣は山中に籠《こも》って天霊を受けた宝剣といわれ、負けることを知らなかったという。旧加耶・加羅で養われた製鉄技術と儒・道・仏の教養は新興の新羅においてその威力を発揮したのである。

新羅王都の慶州は朝鮮半島の東側を南北に走る太白《テベク》山脈の南端で、南東からくる三本の川があわさって北東に流れる兄山江《ヒョンサンガン》の山間の合流点にできた盆地に位置している。

現在の慶州の市街地に、大小の墳丘墓を二十基あまりも連ねて〈古墳公園〉と呼ぶ王墓の集合した街区がある［**写真14**］。その中に一九七三年に発掘された天馬塚があり、副葬の白樺《しらかば》樹皮製の馬の覆いに天翔《あまがけ》る白馬が描かれていたのでそう名づけられた。副葬品には黄金の冠や帯鉤《たいか》などを出土して、ほかの墳墓と同様新羅貴族の強大さが偲《しの》ばれるが、誰を葬ったものかはわかっていない。写真で見る墳丘墓の古いものは加耶のものと同じく地上に石棺や副葬品を納めた木槨を設置して、その上と横に砂利を積みあげ、さらに上から粘土で固めて土を盛っている。素朴な姿だ。また王墓は唐の影響か、時代をへると形態は発展して、墳丘の裾《すそ》を十二支の神像を刻んだ石材でかこったり、墓前に唐獅子《からじし》や羊、僧形などの石彫で護持し、亀の背に石の墓誌を立てた亀趺《きふ》を構える豪壮なものになっていった。王者の徳を競いあうかのように、王者の古墳は大きさを主張して群れている。新羅の成りたちが征服王朝であったので、その王都には力を誇示する造景が必要になったのだ。それが今になってみれば住宅団地ならぬ王墓団地のように群れていて、なんで王者が群れなければならないのかはなはだ疑問だ。

## 皇竜寺址に残った金堂礎石

真興王《ジンフンワン》十四年（五五三）二月、半月城《バンオルソン》の東方一キロメートルに宮殿を建てようと整地すると土地の神である黄竜《ファンニョン》が現れたので、王は〈皇竜寺《ファンニョンサ》〉の建立を命じたという。皇竜寺は十四年後に一応の完成はみたが、その後も造営がつづいて善徳《ソンドク》女王十四年（六四五）にあしかけ九十年の長年月を要して完成し、皇竜寺は新羅《シルラ》仏教の中心になった。

六四五年は、日本列島では、大和・河内勢力の内部で中大兄《なかのおおえ》と中臣鎌足《なかとみのかまたり》が結託したクーデターで百済仏教の最大外護者であった蘇我氏が失脚した年であり、唐の長安（西安）では、玄奘《げんじょう》三蔵が十七年間のインド留学を終えて、百五十粒の仏舎利や八体の仏像、六百五十七部におよぶ多数の梵文《ぼんぶん》経典をもち帰り、さっそく太宗が慈恩寺を建てて、翻訳団を組織して仏典の漢訳をはじめるといった中国仏教に革命がおこった年であった。

新羅では慈蔵《チャジャン》が六四三年に長安から帰国して外敵折伏《しゃくぶく》のため護国の象徴として皇竜寺に九層の塔の建立を進言し、大国統《テグクトン》（法務大臣と文部大臣をあわせたような要職）となって仏教統制機関の改革をおこなった。唐の新たな造景手法として、古代国家の中で仏教寺院を護持することが国家を空間的にも意識させるきわめて重要なものとなったのである。

一九七六年の発掘調査では皇竜寺の配置が四度にわたって変更されたことがわかった。創建当初は〈中門《チュンムン》―塔《タプ》―金堂《クムダン》―講堂《カンダン》〉が南北に一列にあって、これらを回廊でかこんだ一塔一堂形式であったものを、最終的には、中門の外に南大門《ナムデムン》を設け、金堂の東西に脇金堂をとって左右に三倍も拡大した三金堂形式になっている。皇竜寺は創建から九十年の間に、一塔一堂形式といった縦にシンプルなものから、より左右に広げて正面を強調する豪壮な伽藍《がらん》配置に変わっていった。三国抗争の激動期にあって新羅の仏教は、初期の王族による私的な仏教から大伽藍で国家を護持する国家仏教へと変質していったのだ。

中心の金堂は九間四面の大建築で、幅四十五メートル、奥行き二十メートルであった。重量二十四トンもの金銅仏と七・五トンの両脇侍をのせた金堂にはみごとな壁画があったという［**写真15** 金堂址の巨大な礎石］。金堂の前にそびえる塔は慈蔵の指示で高さ八十メートルの木造九層であったと伝えられ、七間四方、一辺約二十二メートル、六十四基の礎石を碁盤の目のようにならべて巨大な塔を支えていた。

儒・道・仏三教鼎立の新羅であったが、ここにいたって護国仏教の力がまして、仏教を国教にすることで国を治める国策は一四二四年の李氏朝鮮《イシチョソン》王朝が儒教を国教に定めるまで約八百年つづくことになる。その転換点になったのが皇竜寺の建立であった。

新羅仏教の中心になった豪壮な皇竜寺は、高麗《コリョ》・高宗《コジョン》二十五年（一二三八）、千年王都慶州の盛時には九十塔も数えたというほかの寺院とともに蒙古《モンコ》の兵火で焼失して、その礎石を残すのみである。新羅をついで仏教を国家護持にした高麗を制圧するために蒙古は皇竜寺の伽藍を標的に破壊した。元《ウォン》の撤退後に立った李朝は儒教を国教として、仏教を嫌って仏教寺院を三十六カ寺に統廃合したために皇竜寺は再建されることなく、往古の造景はその巨大な礎石群を残すのみとなった。

## 新羅・善徳女王の芬皇寺石塔と占星台

皇竜寺《ファンニョンサ》の北に隣接して下の三層のみを残す石積み塔がある［**写真16**］。それは〈芬皇寺《ブンファンサ》〉の跡で、皇竜寺が最終的に完成する十一年前（六三四年）に建立された。芬皇寺は大官寺の皇竜寺の塔頭《たっちゅう》で、仏教にも篤かった善徳《ソンドク》女王（在位六三二〜六四七年）が建てた私院である。一九一五年の修築調査のさいに、元来は仏舎利を胎蔵する仏塔の中、第二層と第三層の間から石函が発見され、函の中にあった金の鈴や銀の針筒が女王の使っていたものといわれる。

芬皇寺の、下の三層のみを残す石塔は石積みの基壇の上にのっており、磚《せん》（レンガ）のように模して切りだした小石材の組みあわせでできている。長安（西安）・慈恩寺の大雁塔（六五二年）や、のちにできた安東《アンドン》に残る七層の塔は磚を組みあげたものであったが、芬皇寺の塔は安山岩を長さ四十〜五十センチメートルの四角に加工したものを使っている。ちなみに、百済《ペクチェ》・熊津《ウンジン》（公州《コンジュ》）の武寧王陵《ムニョンワン》（五二三年）の玄室は磚を組みあげたものであったから、それから百年以上もたった新羅で磚がつくれないはずはなく、だとすれば女王ならではの理由があって安山岩を加工したものを使ったのかもしれない。

芬皇寺の塔の初層の大きさは七メートル四方、軒は小石材を順に積みだして持ち送り、屋蓋もまた同じ石材を段状に重ねたものである。屋蓋には瓦が葺《ふ》かれていたようだ。初層の四面には入り口を模《かたど》り、その左右に仁王像を高肉彫りにした立石を置いて楣石《まゆいし》を支えている。西方の入り口には上下に軸回しを刻んで開閉式の石扉を設け、内部には一・五メートル四方の龕《がん》を設けて、なにが収まっていたかはわからないが、たぶん女王ゆかりの仏像が安置されていただろう。呪術《じゅじゅつ》性の強かった善徳女王が建てたこの塔の主がどんな仏像だったか知りたいものであるが、それは跡形もない。

長安・慈恩寺の大雁塔を小ぶりにしたような芬皇寺の塔は当初九層であったというが、残った三層からその塔身を推察すると、もとは七〜五層であったかと思われるが定かではない。下の三層を残した上の部分は一五九二年に太閤・秀吉が指令した倭軍《ウエグン》によって破壊

されたという。たしかに慶州《キョンジュ》を戦場に侵略の攻防戦があって倭軍は悪逆を極めたのだが、それより三百年以上前の蒙古の侵略で壮大な皇竜寺を焼失していることからすれば、そのとき隣接の芬皇寺も破壊を免れず下部だけ残ったとみたほうが妥当なようだ。それほど蒙古は激しく中華式の仏法を否定して、チベット仏教を重用し、ほかに残った仏教寺院の中心伽藍である〈金堂《クムダン》〉の呼びかたを〈大雄殿《デウンジョン》〉に変えてしまっている。高麗《コリョ》につづく李朝《イジョ》は排仏毀釈《きしゃく》し、仏教寺院の再建は難しかったのだ。

善徳女王は半月城《バンオルソン》址の北側に石積みの壺《つぼ》のような不思議な塔を建てた。〈占星台《ジョムソンデ》〉である。星の運行を読んで占いに使った古代の天文台だ［写真**17**］。三十センチメートル角の花崗岩を二十七段積みあげた円筒形の台は上にいくに従いすぼまって、全体がやや傾いている。高さ九メートルの不安定なようでありながら安定していて、天にむかって口を細めたさまは天理を吸いこむ壺のようだ。台の上には式占盤《シクジョム》と呼ぶ大きな器具が設置されていた。周辺からそれらしき破片が出土している。

式占盤は上部の天占《チョンジョム》と下部の地占《ジジョム》とが同軸で回転するもので、天地の両占面には北斗七星を中心に、十干、十二支、二十八宿の文字が書かれていて、占盤の回転で天理の運行を知ろうとする。道教である。式占盤の古いものでは紀元前の漢代の古墳から出土しているが、七世紀の慶州のものほど大規模ではない。日本列島には六〇二年に百済の僧・観勒《かんろく》によって伝えられ、天武四年（六七五）に〈はじめて占星台を興す〉と「日本書紀」にあるが、実物はなくて形態や規模は不明である。占星台の実物はここ慶州にしか残っていない。

占星台のある位置は、慶州の三山《サムサン》、東に明活山《ミョンファルサン》、南に南山《ナムサン》、西に仙桃山《ソンドサン》に、それぞれ等距離にあり、慶州の王都造営がこの三山を基準点にして占星台によって位置が定められたことがわかる。壺の頂上の井桁《いげた》に組んだ石の台座は正確に東西南北を示しているという。占星台を築いた善徳女王の代は唐も介入して三国抗争のもっとも激しいときであったので、女王は占星台で国運を占ったと考えられるが、それにもまして王都造営の計画には占星台が不可欠で、占星台こそが新羅の王都・慶州の基準点だったのである。

新羅二十七代の善徳女王が二十七段積みの占星台を築いたことはなにか符合しているようであるが、三の三乗ということに意味があったのかもしれない。さらには、道教をもとにするシャーマンとして誉れの高かった女王がみずから占星台を使って星の運行を観察し、王都の造営だけでなく、国運や戦いの吉凶を判断して天理の託宣をしたようだから、女王はこの天理を集めた壺のような石積みに籠って天理と一体になって占いをしたのだろうか。壺のまん中十二段目に開けられた三段分の出入り口も摩訶不思議《まかふしぎ》である。下からそこまでは土が詰まっていたという。シャーマン善徳の独特な造景なのである。

17

## 文武王の感恩寺と大王岩

六四三年、新羅・善徳女王の使節が唐の太宗に〈高句麗《コクリョ》と百済《ペクチェ》が連合して新羅を襲うので至急援軍をだしてもらえないだろうか〉と願い出ると、太宗は、〈ひとつ、契丹《きったん》や靺鞨《まっかつ》の軍隊を遼東地方に侵入させれば一年ぐらいは楽になるだろう。ひとつ、唐軍の赤い上着と赤い旗を数千与えれば唐軍が救援にきたと思って逃げるだろう。ひとつ、百済をまず攻めよう。ただし、新羅は女王であるため軽視されるのだから、自分の一族を新羅の王にすればよい。王には軍をつけるから、新羅は安泰になろう。この三策のうち、どれを選ぶか〉と問い、使節は答えに窮したということが「三国史記《サムグクサギ》」に記されている。

六四五年に金比曇《キムビタム》が上大等《サンテドン》（第一等の大臣）になると、女王廃位を和白《ファベク》会議（新羅の最高会議）は承認した。唐の援助を得るために女王の地位が揺らいだのだ。六四七年、和白会議の名で女王退位を迫ると、金庾信《キムユシン》らが女王擁護に結束し、両派で内乱になって女王は陣中で没した。十数日におよぶ内乱は女王擁護派の勝利に終わって比曇はじめ三十数名の貴族が処刑され、真徳《ジンドク》女王があとを継ぐことになった。そのつぎの武烈王《ムヨルワン》（在位六五四～六六一年）のとき唐は朝鮮半島に侵入して百済を討ち、ついで文武王《ムンムワン》八年（六六八）に高句麗が唐に落ちて安東都護府が平壌《ピョンヤン》に置かれるとともに、旧百済領には唐にくだった扶余隆《プヨユン》を長官にする唐の都護府が置かれた。唐の朝鮮半島攻略に対して危機感をもった文武王は六七〇年に高句麗の復興軍がおこるとそれと同盟して反攻に出て、その攻防は六七六年までつづいた。

唐は新羅のあまりの抵抗に手をやいて、六七六年に平壌の安東都護府を遼東に撤退させて文武王による朝鮮半島の領有を認め、そこではじめて新羅による三国統一と大同江以南の朝鮮半島全域を版図にする統一新羅王朝が成立することになった。

文武王は唐を駆逐すると王都（慶州《キョンジュ》）を固め、唐の長安（西安）のような官衙《かんが》や寺院を備えた条里制の新たな都市にし、六七八年に北原《ベクウォン》（原州《ウォンジュ》）や、翌々年に金海《キメ》に新たな小京《ソギョン》を設けて統一国家の構築をはかった。小京は王都の地方版で、旧敵対地域に設けられた。新たな都市の造景は新羅の中央権力を誇示するためのものである。

そして、唐による侵略の危機が去った文武王は、東方の外敵として、六六三年の百済復興軍殲滅《せんめつ》の前線を突破した倭軍《ウエグン》が再度東海岸を襲うのを仏法で折伏するため、慶州の東南東三十キロメートル、東海岸近くの竜堂里《ヨンダンニ》に〈感恩寺《カムンサ》〉を建てはじめたが、王は完成をみないまま没して、あとをついだ神文王《シンムンワン》によって六八二年に感恩寺は竣工した。

感恩寺の伽藍配置は日字形平面回廊の中心を南北に軸線がとおって、北に講堂《カンダン》、中に金堂《クムダン》、南に中門《チュンムン》の礎石が置かれている。高句麗から伝わった日字形寺院配置のきわめてシンプルなもので、金堂と中門の間の広場には東西にわかれて一双の石組み三重塔が構えられている［**写真18**］。石組み塔の高さは塔輪を含めて十五メートルであったと推測される。

金堂の床は基壇の上に花崗岩組みでできており［**写真19**］、花崗岩貼《ば》りの床下の隙間《すきま》に文

18

19

武王が変じた竜神《ヨンシン》が住んでいたという。木造の上屋はとうになくなって礎石や花崗岩貼りの床が残った。中華にならった瓦敷き床の金堂であるならわかるのであるが、花崗岩組み床の金堂というのはきわめて異例である。唐から独立した国家建設の気概をもって豊富な花崗岩をもちいた独自の工夫が成立していたのであろうか。新羅の王陵の装飾などにも花崗岩貼りの石組みはこのころから多用されるようになった。

花崗岩組みで堅固に構えた感恩寺はたとえ折伏とはいえやはり、東の海岸から侵入すると心配した倭軍に対する備えであったのだろう。加耶《カヤ》・加羅《カラ》から追いだされて、さらに北九州からも排斥されて倭寇《わこう》になった倭族の怨念《おんねん》を恐れる意識が花崗岩組みの感恩寺を生みだしたといえる。国家護持の仏教とは、なんとも異形《いぎょう》な寺院を出現させるものである。

しかし、白江《ペクガン》（錦江《クムガン》中流域の別称）で唐の水軍に敗退した倭軍は再上陸どころではなく、最高司令の中大兄《なかのおおえ》は那津《なのつ》（博多）から敗走しながら唐軍の追討に備えて、対馬、壱岐、筑紫、周防、屋島と、海路ぞいに加耶ゆずりの山城や烽台《のろしだい》を築いたり防衛線を張りつつ、難波に上陸して近江に宮を設けるとともに、那津の屯倉《みやけ》を奥地の大野に移し大宰府《だざいふ》を置いて西国の要とした。高句麗が落ちた六六八年に、中大兄は近江で天智天皇になって天皇に権力集中する朝廷を開き、あらゆる場面で亡命の旧百済人を活用して国がために励んでいた。

文武王は〈死して東海《トヘ》の竜《ヨン》となって国を守ることを願う〉と狂気の遺言をしたという。文武王の遺言に従って神文王が感恩寺の近くに完成させた海中墓を〈大王岩《デワンアム》〉と呼ぶ。竜になった文武王は夜な夜な大王岩から感恩寺金堂の石造床に通っていたことになる。

一九六七年の調査で確認された大王岩［写真**20**］は、周囲二百メートルの岩礁を東西南北十字に削り、中央に巨石を蓋《ふた》にした石棺を沈めて、東から外洋の海水を引きこんで西に流し、中にはいつも新しい海水が漂うようにしたという特異な海中の王陵である。

古代にあっては権力をもっとも象徴するのは王権である。王権を端的にあらわすものは宝物を内包する陵墓であり、諸国歴代の王者たちはいかに立派な陵墓を造景するかに腐心した。宝物類としては、玉を入手していかに磨くか、石にかかわる焼き物をいかにつくりだすか、腐蝕《ふしょく》してなくなる木材にかわって耐久性のある金属をいかにつくりだすか、建造物に関しては、王者の猛々《たけだけ》しい魂を鎮めてその存在をいかに威厳あるものとして造景するか、それらの技術はすべて水稲農耕の必要性から生じた工作や築造の技術と同じものであって、ほとんどそれ以前に中華から渡来したものである。しかし文武王の大王岩は海中にあって、王者の陵墓造りのセオリーからはずれてあまりにも異形である。陵墓の姿が海中に隠れてまるで見えないのだ。

## 征服王朝の退廃をあらわす鮑石亭

慶州三山《キョンジュサムサン》のひとつ、王都の南にそびえる南山《ナムサン》の麓《ふもと》に〈鮑石亭《ポソクチョン》〉という新羅《シルラ》時代の離宮の址《あと》がある。霊山《ヨンサン》とされた南山から引いた霊水《れいすい》を、花崗岩の組みあわせで模《かたど》った鮑《あわび》の外縁のような形をした溝に流し、水面に酒盃を浮かべ流れてくる盃をやりとりしながら詩を詠じたという曲水、唐の中華にならった、いわば野外宴席が残っている［写真**21**］。石組みでつくった曲水が鮑の形をしているので鮑石亭という離宮の名称になった。鮑石亭は華美を極めた新羅王朝の象徴である。

興徳王《フンドクワン》七年（八三二）に、春夏の日照りと秋の大雨が重なって収穫のなかった農民は暴徒になり、王が安撫の使節を派遣するものの収まらず、翌年もまた凶作がつづいたので、翌々九年（八三四）正月、王が自ら南方諸州を巡幸して穀物などを与え、同年、王は倹約の法令をだして、衣服・車騎・生活道具・家屋などの仕様を骨品制《コルプムジェ》で規定したという。〈骨制《コルジェ》〉は王族をあらわす身分制で、七世紀中葉に成立していたが、九世紀に制定されたのが貴族階層と良人《ヤンイン》（庶民）との身分をあらわす〈頭品制《トウプムジェ》〉で、両制度をあわせて〈骨品制〉という新羅独特の身分制度である。ただし、圧倒的多数の奴婢以下は制度外である。

興徳王の布告文によれば、〈人に上下があり、位にも尊卑があり、法律も同一ではない。衣服もまた人によって異なり、住居も異なる〉ということで、骨品制によって生まれながらに身分が保証された中央貴族たちはその後、朝廷内の権力闘争に血道をあげることになり、そのまま十世紀に入って新羅は壊滅し、政権は高麗《コリョ》王朝にかわっていった。

骨品制を敷いた興徳王の死後、王位争奪戦が起こった。王の叔父の均貞《ギュンチョン》とその甥《おい》の悌隆《ジェリュン》とで、均貞らが半月城《バンオルソン》（慶州《キョンジュ》）に入って防衛にあたっていたところに悌隆らの軍がおし寄せて、均貞はその戦乱の中で殺害され、悌隆が僖康王《ヒガンワン》になった。僖康王三年（八三八）、即位に尽力した上大等《サンテドン》（第一等の大臣）金明《キムミョン》と侍中《シチュン》（第二等の大臣）利弘《イホン》らは私兵を動員し、王の側近を殺害して王を自害に追いやった。金明はみずから立って王位につき、閔哀王《ミネワン》になった。

均貞の子・裕徴《ユジン》は僖康王二年、清海鎮《チョンヘジン》（莞島《ワンド》）大使《テサ》の弓福《クンボク》を頼って亡命し、均貞派の諸将も清海鎮に集まり、翌年武州《ムジュ》（光州《カンジュ》）をくだし、南原小京《ナモンソギョン》も落とした。ついで武州鉄冶《チョルチ》県《ヒョン》（羅州《ナジュ》）で王朝軍を破り、翌年達伐《ダルボル》（大邱《テグ》）で王朝軍を壊滅させた。閔哀王が離宮の〈鮑石亭〉の樹下で報を聞いたとき、従っていた百官はみな王のもとを去った。王は茫然《ぼうぜん》自失の態《てい》で半月城に逃げ帰ったところを兵士に殺害されたという。

裕徴は半月城に入ると閔哀王の屍《しかばね》を王の儀礼に則《のっと》って埋葬し神武王《ジンムワン》になったが、わずか半年で薨去《こうきょ》。跡をついだのは太子・慶膺《キョンオン》で、八三九年に文聖王《ムンソンワン》になった。王は即位するとすぐに弓福を鎮海《ジネ》将軍とし、弓福の娘を王妃に迎えようとしたところ、貴族たちは〈弓福

21

は海島に住む身分の卑しいものなのに、どうしてその娘を王妃に迎えられようか〉と退けたという。弓福は八四一年、清海鎮で反乱を起こしたが、刺客によってあえない最期をとげた。

農民出身で西南海《ソナメ》の副将であった甄萱《キョンフォン》が八九二年に武珍州《ムジンジュ》（光州）を占領し、完山州《ワンサンジュ》（全州《チョンジュ》）を奪って根拠地にし、九〇〇年には百済《ペクチェ》・義慈王《ウィジャワン》（在位六四一～六六〇年）の恨みをはらすとスローガンを掲げて後百済《フペクチェ》を建国した。九〇九年、甄萱は北原《ブクォン》（原州《ウォンジュ》）におこって後高句麗《フコクリョ》を建てた弓裔《クンイェ》に珍島《ジンド》を奪われ、翌年錦城《クムソン》も弓裔にくだり、後百済の甄萱は孤立した。九一八年に王建《ワンゴン》が弓裔にかわって高麗《コリョ》王朝を創立すると甄萱は高麗に使節をだして和議を結んだが、高麗に送った後百済の人質が突然死んだことでふたたび高麗と対立して、竹嶺《チュクリョン》に近い近品城《クンプムソン》を攻めるとともに新羅の高鬱府《コウルブ》（蔚山《ウルサン》）を襲い、さらに進んで慶州を襲った。そのとき新羅の景哀王《キョンエワン》（在位九二四～九二七年）は後百済軍の襲撃も知らず〈鮑石亭〉で宴を張っているところを殺された。

九三五年、なす術《すべ》もないまま自立できなくなった敬順王《キョンスンワン》（在位九二七～九三五年）は高麗に帰順することになり、骨品制をよりどころに惰眠をむさぼった新羅王朝は六七六年に三国統一して以来約二百六十年で王朝の怠惰によっていわば自滅した。惰眠の寝床は鮑の形をした曲水池のある〈鮑石亭〉であった。

高麗の王建は帰順した敬順王に正承公《ジョンスンゴン》の尊号を贈り、その長女楽浪公主《ナンナクゴンジュ》を王妃として王都の開城《ケソン》に迎えたという。新羅王家は高麗に帰順して安泰で、かつては九十以上の寺院が甍《いらか》を争って栄華を誇った千年王都慶州は東京《トンギョン》として名は残ったが、政治の舞台は朝鮮半島中央部の開城に移った。慶州はその後、蒙古《モンコ》や日本《イルボン》の武士集団によって荒らされたが、加耶・加羅を併合して栄えた新羅歴代の王侯貴族の墳丘墓や護国寺院址、王宮址などの遺跡は今なお古代新羅の栄華を物語っている。

## 耽羅の三姓穴と婚姻穴が語るもの

カラを語る場合、朝鮮半島の南西の海上に浮かぶ耽羅《タムラ》（済州島《チェジュド》）を抜きにはできない。古代の金海《キメ》をセンターにして海路をみれば、楽浪や遼東と交易するには耽羅は重要な島だ。

そのため耽羅は五〇八年に百済《ペクチェ》から冊封され、百済が滅亡して新羅《シルラ》に六六二年に落ち、高麗《コリョ》のとき、大元の世宗（在位一二六〇～一二九四年）フビライは日本遠征の軍事基地として耽羅を属国にした。大元が滅んだ一三七四年、高麗は大軍を派遣して耽羅を奪還するとともに支配下に置き、一三九四年に李氏朝鮮《イシチョスン》に入るや済州、大静《デジョン》、旌義《チョンウィ》の三県に城邑《ソンウプ》（城壁にかこまれた村）と安撫使《アンムサ》（中央から遣わされた支配役人）を置いて漢城《ハンソン》（ソウル）の中央支配にするというように、辺境の耽羅は常に朝鮮半島から支配される島であった。

耽羅は漢拏山《ハンラサン》を中心に東西に長い楕円形《だえんけい》の島である。漢拏山は火山であるため雨水をた

めることができず、土も薄い。したがって川はほとんど乾川で水田が少ない。麦をはじめとする雑穀が主食で、温暖な気候のため果実が豊富、中でも柑橘《かんきつ》類の栽培がさかんである。周囲は黒潮が洗う海にかこまれているため素潜り漁が古来からさかんで海人の国、海女が活躍して女性が強い。

大陸北方のツングースから伝わったとされる朝鮮半島のシャーマニズムは女性の霊感として耽羅に色濃く残っていて、島のあちこちのものに八百万《やおよろず》の神々が宿っている。琉球（沖縄）などと同様、黒潮にのった南の海洋からのものと思われる。アジア大陸東南の周縁は、古代は中華に含まれない海洋の民が自由に行き来していたのである。基本的に、国境などなければ人間や文化の交流は自由なのだ。秦の始皇帝の命で不老長寿の妙薬を求めたという徐市が、伝説にあるように耽羅に来たのかと思われるほどの楽土である。

紀元前八世紀、耽羅の中心漢拏山（千九百五十二メートル）の北麓《ほくろく》、毛興穴《モフンヒョル》と呼ぶ三つの穴ぐらから三人の神人が現れたという。三神人はそれぞれ良乙那《リャンウルナ》、高乙那《コウルナ》、夫乙那《ブウルナ》といい、この神人が出現した三つの竪穴を〈三姓穴《サムソンヒョル》〉という［写真22］。三神人はこの穴で狩猟をしながら皮衣肉食して暮らしていたそうだ。穴居の発見による狩猟生活である。

ある日、東の日出峰《イルチュルボン》近くの海岸に箱舟が漂着したので三神人が中をみると石函があり、開けてみるとその中には青衣に着飾って五穀の種をもった三人の乙女と、牛馬、侍従がいたという。東方の碧浪国《ビョクラングク》（日本列島？）から来たそうだ。

三神人は漂着した三乙女と結婚して、こんどは中が三つにわかれた竪穴にともに暮らした。この竪穴は島東部の温坪里《ウンビョンニ》近傍にあって〈婚姻穴《ホニンヒョル》〉という［写真23］。まだ穴居であるが、このあたりで竪穴には藁《わら》を葺いた屋根が掛けられたと思われる。竪穴式住居の出現である。

木材加工や石材加工、そして金属工具の自由でなかった太古において穴居の発見は住まいづくりの基本形である。穴が横穴である場合はまわりに木々が繁《しげ》っていればそのままでも住まいになるが、竪穴の場合は風雨に対する備えとして、穴に被《かぶ》さる屋根や、雨水が浸入しないように穴のまわりには土手が必要だ。だから竪穴式住居の小屋掛けの足もとには土手を築いて雨水の浸入を防ぎ、その土手が時をへるにつれ住居の土壁へと立ちあがって住まいの空間を高めていく。穴居に小屋を掛けたのが竪穴式住居である。

結婚した三神人はそこで三乙女がもってきた五穀の種を蒔《ま》いて耕し、牛馬を育てて栄えた、というのが耽羅の生誕伝説で、この伝説は済州島に稲作文化が伝来して定着したことで耽羅という島社会が発生したことをあらわしている。

済州島漢拏山の北麓に三神人が湧出《ゆうしゅつ》したという三姓穴は、耽羅の祖神として今なおたいせつに祀《まつ》られている［写真22］。その聖所をタンという。タンは通常神木の前に平たい自然石で祭壇を設けてまわりを石垣でかこうが、三姓穴の神体は三神人が湧出して暮らした穴そのもので、穴の前に石碑を構え、まわりを柵でかこったところがタンである。

23

祭りをグッといい、グッを執行するのは巫女《みこ》のシンバンである。祭りの日にはシンバン四〜五人が来て、まず石碑の前に祭壇を設ける。祭壇には米飯、魚類、菜類、果物、酒、米、花などを供え、タンにクンテ（大竿《おおざお》）を立てる。てっぺんには青い葉のついた笹《ささ》をくくりつけ、その下に青い松葉か椿《つばき》の葉をくくり、神々の食糧としての米袋や、鈴をぶらさげる。このクンテには白木綿を結びつけ、もう一方を祭壇に引いて結びつける。この渡した白木綿をタリ（橋）という。祭りのしつらえができると主シンバンが正装で祭壇にむかって四拝し、巫女たちの叩《たた》く巫楽器の音にあわせた歌舞で神々を饗応《きょうおう》する。

　三姓穴は社叢《しゃそう》にかこわれていつもは森閑とした空地であるが、このときばかりは特別なにぎわいのある祭りの庭として現れる。祭りの庭はマダンである。

　今やもっともカラの雰囲気を残す済州島は、黒潮が洗う朝鮮半島南端のちょっと西に寄ったところにぽっかりと浮かぶ島だ。火山の漢拏山で海中にできた島のあちこちにガスの噴出した洞窟《どうくつ》や、地下水脈がつくる鍾乳洞《しょうにゅうどう》が数多くある。これらの洞窟に太古、三神人が誕生したり穴居して農耕社会を形成した。済州島の洞窟は島社会の核であった。十三世紀には蒙古《モンコ》の侵略に徹底抗戦して敗れた〈三別抄《サムピョルチョ》〉の地下壕《ごう》にもなった。一九四八〜九年にも済州島の洞窟は、アメリカ軍政にバックアップされた李承晩《イスンマン》政権に反抗決起してやはり敗れた〈四三パルチザン〉の地下壕にもなった。火山島の済州島にとって洞窟の発見は、島社会の発生であるとともに島社会を制圧しようとする権力に対抗する最後の砦《とりで》という政治性をもっていたのである。

# 第二章 ❖ 革舎はカラの住まい

蒙古《モンコ》・元《ウォン》の侵略などですっかり疲弊した高麗《コリョ》王朝にかわって李成桂《イソンゲ》がクーデターで王権を奪ったのは一三九三年である。李成桂は明朝《ミンチョ》に対する事大の礼として朱子学を国教にして、それまでの高麗が国教としていた仏教を大幅に制限した。僧侶はたちまち賤民《せんみん》に落とされた。元寇《ウォンク》による高麗王朝の疲弊をいっきに覆そうとしたのである。朝鮮半島の一大変革である。高麗のときに入った宋の朱子学にもとづいて、国内統治はもちろん、国際関係も新たな規範を構築した。国号は宗主国の明にお伺いをたてたうえで太古にもどった朝鮮《チョスン》として、李氏《イシ》のおこした朝廷ということで李氏朝鮮王朝と呼び、略して〈李朝《イジョ》〉という。

李成桂は元寇で荒廃した王都開城《ケソン》を捨て、高麗の南京《ナムギョン》であった漢陽《ハニャン》（ソウル）を新たな王都にして漢城《ハンソン》と称した。高麗の体制を根こそぎ新しいものに変えようとしたのである。

漢城は風水地理にもとづいて、北漢山《ブクハンサン》から峰つづきの北岳山《ブガクサン》を背に南面して王宮と宗廟《ジョンミョ》を設け、明の応天府（南京）にならって城壁にかこまれた条里制で碁盤目状になる王都を目指した。南山《ナムサン》の先には漢江《ハンガン》が流れて、北漢山からおりる気の竜脈を新都に留《とど》める。

李成桂がまっさきに手をつけたのは土地制度の改革であった。高麗の土地制度は田柴科《ジョンシクァ》というもので租税を負担しないかわりに世襲は許されなかったが、李成桂が敷いた科田法《クァジョンポプ》は土地専有の世襲を認めるかわりに土地に租税を課すものである。科挙制度で新たに定めた官人の収入意欲をかきたてようとするもので、このことは官人の自主意識を高めることとなったが、他面、地方の土地に依拠して育つ新たな豪族を生みだすことにもなった。

中華にならって広く人材を登用しようとする科挙の制度は高麗のときからあったが、新しい体制になって徹底され、主要な土地には郷校《ヒャンギョ》が設けられて科挙試験が実施され、新都の漢城に置かれた成均館《ソンギュンクァン》で王が司馬試の合格証を与え、若く意気に燃える官人を登用して、新たな規範のもとで李朝は活気に満ちあふれた。科挙試験に受かって登用された文官と武官とで朝廷に列席するのが東班と西班とにわかれていたので、官人を両班《ヤンバン》と呼び、新たな貴族階層を両班と呼ぶこととなった。

新都漢城は強固な石壁でかこい、科挙制度で集めた新たな両班がこぞって新都に住まい

24

を設けた。新たな両班の体裁を整えるためには両班にふさわしい家屋が必要になった。漢城の築城が明の応天府に学んだのと同様に、両班の家屋もまた応天府の四合院という瓦葺《ぶ》きの四棟が中庭をかこむ中庭型邸宅をもとにして、それを新羅時代から伝わるカラ風にアレンジして開放的にした新しいスタイルの楼亭で、地方に赴任する両班によってこの家屋スタイルを地方に定着させることで極東の朝鮮半島に小中華を出現させることになった。

支配層両班の家屋は新体制の李朝になって生まれた中庭型、瓦葺きの楼亭になったが、土地に根づいて生きる常人《サンイン》（庶民）以下の階層の住まいは対照的に昔ながらのもので、地形にそって渦巻き状に集住する藁《わら》葺《ぶ》き屋根で版築《はんちく》土壁の〈草舎《チョサ》〉［写真**24**、**25**］である。通常は〈草家《チョガ》〉と書きあらわすが、形態からして〈家〉というより〈舎〉とするのがふさわしい。

藁葺きの草舎は竪穴式住居から出発した太古からの庶民の住まいであった。両班邸宅のように門を構えたり、瓦屋根や、楼抹楼《ヌマル》（板敷き高床）や大庁《デチョン》（庭に面して吹きぬいた板敷き大広間）、格子の天井、はたまた舎廊棟《サランドン》（男が客をもてなす楼亭）や祠堂《サダン》（先祖の位牌《いはい》を祀《まつ》る堂）などといった、儒教教理に凝り固まった両班が大事にかこいこむ建屋はなにも構えていない。構える必要もない。明に事大の礼をとったり、明の文化にならったりする必要はないし、国家のゆく末などはどうだっていいことで、常人以下のものはそんなことを考える立場ではない。それでいて一軒一軒の草舎には個性がある。

草舎は自分たちで調達できるその土地の土をつき固めた版築や日干しレンガ、石積みといった塀のような土壁にかこまれて、丸太垂木《たるき》で組まれた藁葺きの屋根をのせてできている。日本ほどの地震がないのでそれで充分だ。木材の採れた山間部では、集住ではないが、校倉造《あぜくらづく》りのように丸太を重ねて組んで壁にして木板瓦を葺いたものもある。校倉と違うのは、高床ではなく、石を土で固めた基礎を立ちあげて浸水を防いでいることである。床は張っていないので、竪穴住居の発展系なのだ。たいていは積み重ねた丸太の間を土で目張りしている。手近な材料を組んで雨露がしのげて、あとは人目を遮り、暖がとれて憩いがあればそれでよかったのだ。住まいの構えに競いあう必要などありはしない。それでいて一軒一軒の草舎には個性がある。

藁葺き屋根も中華にならった班家のように瓦屋根がそり返ったりしていないで、頭をさげた丸い饅頭《まんじゅう》形の傘のようだ。あたかも落ち葉の陰からひっそりと茸《きのこ》が生えるように地面が隆起して住まいができたようで、直線部分はいっさいない。朱子学といった支配者階層の教学や知識など関係ないし、宗主国の中華という文化などまるで関係ない。ましてや李朝の住居様式などどうだっていいことだ。住まいをつくる意識や目的が違うのだ。それでいて家屋であることの存在を充分に感じさせるし、機能が形態に表れていて充分に美しい。

このような草舎の建てかたは加耶・加羅の昔から、稲作の稲を干す稲架《はさ》の形をみればわかるように、弥生式の稲作とともに連綿とつづけられてきたことである。土壁の草舎は朽ちれば土にもどり、その土を固めてまた新たに築きあげるので、建てかたは残っても古い建屋は残っていない。いや、建材からすればどれほど古いものなのかわからない。古い土

25

壁はいったんほぐして新しい土と混ぜて練れば粘りのある壁土として復活するし、葺き草は土に混ぜれば繊維が土壁の補強材になって用途を変える。このような草舎の建てかたは職人技などではなくて、それは連綿とつながる生活の知恵なのだ。木材もなん回だって使いまわしができるし、石だってそうだ。土から生まれたものは土に帰りまた生まれかわる。この朝鮮半島の圧倒的多数の民草《たみくさ》の住まい、草舎は生々流転の生きもので、前章の耽羅《タムラ》の婚姻穴《ホニンヒョル》でみたように、太古の昔から稲作の伝播で加耶・加羅の民草とともに子孫を産み育てて絶えることなく生きてきた。

# 第三章 ❖ カラの痕跡をたどる

## カラの色濃い対馬の天神多久頭魂と、金田城山

紀元三世紀末の晋の時代に著された「三国志」のうち「魏志東夷伝・倭人条」を略していう「魏志倭人伝」の巻頭は、〈倭人は帯方（ソウル近辺）の東南大海の中に住み、山島によって国邑をつくる。もと百余国。漢のとき朝見するものがあり、いま使訳の通ずるところは三十国〉ではじまる。ついでその三十国を朝鮮半島中部の帯方郡からの行程で順次述べている。

倭人として魏の帯方郡と通交した三十国は、狗邪韓国（金官《クムガン》加耶《カヤ》）を北岸として、対馬国、一支国（壱岐）、末盧国（松浦）、伊都国（怡土）、奴国（那津《なのつ》）、不弥国（宇瀰）、投馬国（鞆?）、邪馬壱（台）国、斯馬国、巳百支国、伊邪国、都支国、弥奴国、好古都国、不呼国、姐奴国、対蘇国、蘇奴国、呼邑国、華奴蘇奴国、鬼国、為吾国、鬼奴国、邪馬国、躬臣国、巴利国、支惟国、烏奴国、？奴国、狗奴国があげられており、女王が都する邪馬壱国より北は戸数や道里が記載できるが、それ以外は遠く隔たっているのでよくわからないとしている。

倭人のいる三十国の筆頭に狗邪韓国、つまり金官加耶が挙げられていて、瀋陽に都する魏からみれば倭人のいるところ、倭の諸国は朝鮮半島の南端から日本列島にかけての一帯で、加耶・加羅と倭とが渾然《こんぜん》一体になっていたことがわかる。

そして、〈郡（帯方）から倭にゆくには、海岸にしたがって水行し、韓国（馬韓）をへて、あるいは南へあるいは東へ、その北岸の狗邪韓国にゆくのに七千余里。はじめて一海を渡ること千余里で、対馬国につく〉で、〈対馬〉が歴史書にはじめて登場する。

〈対馬〉の表記には三つの説が考えられている。ひとつは、「魏志」の編者が〈ツシマ〉という音に漢字の〈対馬〉をあてたというもので、もともとは湊《みなと》のある島という意味の〈津島〉ではなかったかというもの。ふたつめは、海のむこうの馬韓《マハン》に対するという意味で〈対馬〉と表記したというもの。三つめは、狗邪韓国の金海《キメ》側からみるとふたつの島が重なったようにみえることから、〈ふたつの島〉という意味のハングルの〈ツセム〉を漢字の〈対

26

馬〉にあてたのではないかというもので、いずれの説も棄《す》てがたい。
その対馬について「倭人伝」は、〈居るところは絶遠の島で、四方は四百余里ばかり。土地は山が険しく、森林が多く、道路は鳥や鹿《しか》の径《みち》のようだ。千余戸ある。良い田はなく、海産物を食べて自活し、舟に乗って南北にゆき、米を買うなどする〉と、対馬は加耶・加羅（北）と筑紫（南）との間で海産物を主食に米交易に頼る海人の島であったことを述べている。

倭人がいる北岸、狗邪韓国の金海は太古より極東アジアの交易センターであったことは前に述べた。奴国などの筑紫は、後漢の光武帝の金印で知られる志賀島を湾口にもつ那津《なのつ》（博多）が中心で、古代文化が交流する日本列島の玄関口である。対馬はつまるところ、金海と那津をつなぐ海上のメインロードの中間点、南北倭人相互を結ぶ船泊まりであった。

朝鮮半島南端の金海からみえる〈ふたつの島〉の手前は御岳《みたけ》（四百九十メートル）を最高峰とする北部の上県《かむつあがた》で、御岳の水を集めて流れる川は北の佐護川と南の仁田《にった》川の二本で、ともに西に流れて佐護湾と仁田湾に注ぎ、それぞれの湾の奥に沖積層の狭い平地をつくりだし、それらが〈山が険しく、森林が多い〉古代対馬の集落形成地になっている。

北の佐護湾は漏斗のような形状の口を北にむけ、広くなった湾の入り口の東はなだらかなお椀《わん》を伏せたような姿をした千俵蒔山で、芝草に覆われた千俵蒔山は朝鮮半島から渡っ

たときのよい目印になったという。湾のもう一方の西側には天道山があって、天道山の南の麓《ふもと》、湾の奥まった浜辺に〈天神多久頭魂《てんじんたくずたま》〉という神社がある。佐護の集落からみれば、北方に広がる湾の東西の山に護《まも》られて浦があるかのような地形である。

天神多久頭魂は天道神と多久頭魂とが習合したものと考えられ、天神多久頭魂に社殿はない。原生林に覆われた天道山の頂には岩座《いわくら》もしくは神座《かみくら》があり、天道山じたいが天神の降りる聖なる磐境《いわさか》なのである。［**写真26**］

天道山の麓にも二段ほど石を組んで地壇をなした岩座があり、そこが拝所となって、その手前に石を積んだ一双の塔がある［**写真27**］。二基の石積み塔で区切られた中が神域の磐境で、これは古代祭祀《さいし》の原初的な形態である。写真にある鳥居や灯籠《とうろう》は明治はじめ国家神道の神祇《じんぎ》制度が神社にするためつくったもので、天神多久頭魂本来のありかたからすれば邪魔くさいが、対馬の人はよくこのシンプルな古代の信仰の姿を維持してきた。

山頂と麓とに壇を設けて天神・地神を祭祀する形態は山東半島の泰山が代表格である。中国五岳信仰のひとつ、山東半島の泰山のばあいは秦の始皇帝みずから封禅して天子の証しに廟《びょう》などの建造物を並べたのであるが、天神多久頭魂の場合は天道信仰の素朴なさまで社殿などなにもない。石積み塔で神域を示すやりかたは、対馬のほかの個所はもとより、朝鮮半島南部の全羅北道鎮安《チョンラプクドジンアン》の馬耳山《マイサン》などに多数みられる古代祭祀の造景である。遠くモンゴルの草原には信仰の対象のオボという石積み塔もある。神域をあらわす石積みの塔は仏教が入ることでストゥーパと習合して石塔に変わっていく。

天にある神は山に降りて地に潤いをもたらす。人はその神意を酌んで地上の運行を知る。この天道祭祀のやりかたは卜占《ぼくせん》と強く結びついていた。対馬の卜占は動物の骨を焼いてそのひび割れの形で占う太占《ふとまに》のうち亀の甲を焼く亀卜《きぼく》である。

動物の骨を焼いて吉凶を占うのは古代から北アジア諸民族の習俗で、まだ文字のなかった新石器晩期の竜山遺跡（黄河中流域）から太占の使い捨ての肩甲骨が出たというし、殷《いん》の時代（紀元前一六〇〇ごろ～前一一二二／一〇二七年）の初期には牛の骨を使い、のちには亀の甲が使われた。甲のひび割れを記録したのが甲骨文のはじまりである。殷においては王みずから天を祀《まつ》って天の意思を知ろうと亀卜をおこなった。周（前一一〇〇ごろ～前七七一年）になると太占は算木《さんぎ》を使った筮《ぜい》にかわる。

卜占はいってみれば古代の科学である。道教や陰陽五行説などはみな卜占を源にしているといって過言でない。その古代の科学は北アジアの部族が南下する過程で稲作文化と混合して、朝鮮半島を貫通し対馬、壱岐に入り、そして日本列島へと進んでいった。

大和に覇権が固まった八世紀にいたり、大宝律令の制定にあたって神祇官の職掌として卜部が二十人置かれることになったが、その内訳は対馬から十人、壱岐、伊豆からそれぞれ五人ずつが卜占に優れたものとして平城京（奈良）に呼ばれて卜部になった。彼らがおこなったのはそれまで一般的に伝わっていた鹿卜ではなく、より新しい亀卜であったという。それほど対馬卜部の亀卜は大陸文化に近い新しい卜占であった。

十世紀の延喜式においてもなお対馬と壱岐の卜部は重視されて、対馬十人、壱岐五人、伊豆五人の卜部が平安京（京都）の神祇官になっている。

朝鮮半島南部と日本列島西部とが〈倭〉と呼ばれる一帯の文化圏であったときの対馬は両地域を海路でつなぐ文化通路の重要な足がかりであったのであるが、アジア大陸中央で版図争いが熾烈《しれつ》を極めた六世紀、朝鮮半島や日本列島に覇権争いが波及して、七世紀には新羅や大和・河内の覇権が強まり、大陸で唐が隋にとってかわるにいたって事態は決定的になるとともに中間の対馬の役割は大きく変わっていった。

六六三年の大和・河内の斉明女王（天皇制はまだ確立していない）・中大兄《なかのおおえ》親子による百済《ペクチェ》救援派遣軍の前線基地は那津に置かれて倭軍と称し、出撃の足場は対馬で、対馬はそのための兵站《へいたん》基地になった。旧加耶に向かう第一陣と、百済に向かう第二陣とはこの対馬でわかれた。百済に向かった派遣軍は白江《ペクガン》（錦江《クムガン》中流域）で唐の大軍に完膚なきまでに叩かれて敗走するが、筑紫への撤退の足がかりもまたこの対馬であった。対馬は完全に大和に組みこまれてしまった。

百済救援遠征軍の兵は東国からかき集められたが、派遣軍を搬送するのは対馬を含めて筑紫いちえんの沿岸にいた海人、名だたるところでは志賀島の安曇《あずみ》一族や宗像《むなかた》の宗像一族などで、操船に巧みなこの加耶・加羅系海人たちによって倭軍の撤退は可能になった。

最高司令官の中大兄は出撃前に病死した斉明女王の屍《しかばね》とともに那津から瀬戸内海を難波に引きあげたが、亡命した百済の棄民たちに唐の追討に備える防衛線の設置を任せ、那津にあった官家《みやけ》を内陸の大野に移して水城や山城を築いて守りの固い大宰府を建設した。

唐の追討に備えては帰還の東国兵を対馬、壱岐、筑紫に留《とど》まらせて烽《ほう》と燧《すい》を築くことになった。烽とは夜間の連絡用に火台で烽火《のろし》をあげるもので、火串は鉄製の籠《かご》に乾葦と肥松《こえまつ》を入れた。燧とは昼間の連絡に狼煙《のろし》をあげたもので、高さ一丈五尺の煙筒を四本設置して、風が吹いても消えないように穴を掘って窯を築き、煙筒の底部に焚《た》き口を設けた。烽と燧とは同じ場所に設けられ、烽長以下数名の兵士が詰めていた。百済の兵法であろう。

対馬の燧烽は佐護の千俵蒔山からはじまり、仁田の御岳、久原の黒蝶山、仁位の天神山、大山の大山岳、加志の白岳、椎根の荒野隅、豆酘《つつ》の竜良《たてら》山と、遠望できる山々を南北に結んで、南端の竜良山からは壱岐へ、壱岐から肥前、筑前をへて大宰府に通報する仕組みになっていた。瀬戸内の島々や六甲山、生駒の山中に燧烽の跡が残っていて、対馬を発した燧烽は畿内にまで達することになっていたという。

対馬は南北に細長い島で、その中間、西に向けて〈浅茅湾《あさじわん》〉が深く貫入して島を上県と下県《しもつあがた》のふたつにわけたようになっているが、入りくんだ浅茅湾は天然の隠れ浦を形成して、そこが対馬海人の本拠地である。なにしろ金海からは重なるふたつの島に見えるのだ。浅茅湾の南、洲藻浦と箕形浦に挟まれた城山《じょうやま》にはそれまでの倭人の砦《とりで》を利用して百済・

加耶式の〈金田城〉が七世紀に新たに築かれた。ちなみにここは浅茅湾のまわりに燧烽が置かれた天神山、大山岳、白岳にかこまれたような要害である。

**写真28**は広い浅茅湾を南にむかったところで、左手前が金田城のあった城山（二百七十六メートル）で、そのうしろは立石山、遠見岳、燧烽を置いた白岳（五百十五メートル）、黒土山といった下県の峰々がつづいている。写真右手の瀬を回りこんで入り江に入ればそのさきは箕形浦で、この隠れ浦は中世倭寇の根拠地になった。外海からは断崖《だんがい》でとりつきようのない城山の左に入ると鶴ヶ岳が迫って鋸割岩［**写真29**］と呼ぶ絶壁が立ちあがる海峡になっていて、ここは天然の要害である。この洲藻浦を右手に回りこめば後世にできた大吉戸神社の鳥居があって、ここが唐の追討に備えて七世紀に築かれた金田城の一の城戸《きど》である。外海からはまるで隠れてわからない。比較的傾斜がゆるい城山東南側の中腹を連結するように二〜三メートルの高さで石積みの城壁をめぐらしていて、四つの谷にはそれぞれ城戸が設けられていた。

## カラ系王国の宗像神社と、宇佐八幡と臼杵磨崖仏

朝鮮半島と北九州とを隔てる玄界灘に面して福岡県の玄海町があり、玄海町を貫通する釣川を南東に五キロメートルほど上流にさかのぼると〈宗像《むなかた》神社〉がある。ここは辺津宮《へつぐう》といい、玄海町の北西沖五キロメートルの大島にある中津宮と、玄界灘のまっただ中、対馬との中間の沖ノ島にある沖津宮との三宮をあわせて〈宗像神社〉になる。

「日本書紀・神代記」は天照大神《あまてらすおおみかみ》と弟の素戔嗚尊《すさのおのみこと》とが天《あめ》の安河原《やすかわら》で会談したさいに、大神が尊の邪心を叱責《しっせき》したのに対して尊が誓ってそんなことはないというので、大神が尊のもっていた十握の剣を取って三つに折り、真名井《まない》で濯《すす》いでカリカリと噛《か》んで吹きだしたその霧の中から田心姫《たごころひめ》、湍津《たぎつ》姫、市杵島《いちきしま》姫と、三女神がつぎつぎに生まれたという。大神は〈十握の剣は尊のものであるからそこから生まれた三女神は尊の子である〉といって尊に授けて、〈これが筑紫の胸肩君《むなかたのきみ》（宗像）らが祀る神である〉と記している。

代々宗像三女神を祀った宗像は釣川流域の肥沃《ひよく》な農耕地に依拠して玄界灘の海人たちをおさえた部族で、その部族の古墳は箱式石棺の大型円墳に加耶式土器を埋蔵する近くの奴山古墳群であるが、それはあの慶州《キョンジュ》の古墳公園でみた新羅《シルラ》の古墳と同様なものである。宗像は姫神や海神を祀ることからして加耶・新羅系の一族とわかるが、さらに新羅から渡来した素戔嗚がもっていた剣から宗像の三女神が生まれたとあっては、近くの津屋崎の海岸からは砂鉄がとれるのだから、ここ宗像の地は鉄を求めて加耶・加羅から渡った部族の居留地であったことが容易に推測される。それが後世、大和・河内の勢力が筑紫までも版図のうちにしたことで「日本書紀」のうちにとりこまれた。

もともと宗像神社は沖津宮の沖ノ島祭祀が中心にあり、はるかな沖ノ島を遥拝《ようはい》する手前

30

の大島に中津宮、そして本土から遥拝するため辺津宮があるものと考えられる。

玄界灘のまっただ中にある沖ノ島は全島祭祀の岩礁であるが、南端の船着き場から登ったところに縄文前期から弥生にかけての穴居の遺跡がある。比較的平らな土地に社務所が設けられ、その前と裏の巨石下の洞窟《どうくつ》に穴居跡があり、その巨石が祭祀の対象である。一九五四〜七九年の調査で沖津宮の巨石祭祀は四期にわけられることがわかった。第一期は四世紀後半から五世紀代で、祭祀は巨石の上でおこなわれた。第二期は五世紀後半から六世紀にかけて巨石の下陰で、第三期は七世紀から八世紀にかけて岩陰から出かかったところで、第四期は八世紀から九世紀にかけて巨石の外でおこなわれ、九世紀末の遣唐使の廃止にともなって沖津宮の祭祀は衰退し、辺津宮が宗像神社の総社になったと推定できる。

年代測定は祭祀跡から出土した宝物によっていて、第一期の遺跡からは鏡面のほか鉄剣、車輪石、勾玉《まがたま》などで、宗像地域に存在する豪族の前方後円墳の出土品と似かよう。

第二期の遺跡からは鏡面のほか金銅製馬具や鉄製鞍《くら》金物、金・銀・銅製の腕輪、金製の花文指輪、ペルシャのカットグラス片など慶州の王墓から出土するものに類似して国際性に富んだもので、新羅と親交を深めた筑紫の磐井《いわい》が栄えてやがて大和・河内の権力にくだった時期をあらわしている。

筑紫王とも呼べる磐井が、近江毛野《おうみのけぬ》の朝鮮半島渡航を阻止したことから物部麁鹿火《もののべのあらかい》に討たれて大和・河内の権力にくだったのは五二八年であった。磐井の子の葛子《くずこ》が糟屋屯倉《かすやのみやけ》（博多）を献上することで事態を収拾した。大和・河内の権力は五三六年に那珂《なか》河口の那津（博多）に新たな官家《みやけ》を設け、魏、高句麗《コクリョ》をはじめ百済《ペクチェ》や加耶《カヤ》・加羅《カラ》、新羅《シルラ》、やがて隋や唐の使節をもてなす鴻臚館《こうろかん》や倉庫群を設けてアジア大陸に向けた日本列島の表玄関になった。

第三期以降が大和に権力が集中して地つきの宗像氏や水沼氏らが玄界灘の海人を統括して宗像の三女神を祭祀した時期で、第四期をへて、大宰権帥《だざいのごんのそち》であった菅原道真《すがわらのみちざね》が進言したという遣唐使の廃止で沖ノ島の祭祀は衰退した。


宗像三宮の総社である辺津宮の本殿と拝殿は釣川のほとり、正面を玄界灘に向けて北面して建っている。本殿は一五七八年に宮司の宗像氏貞が再建したものといい、本殿には左右両側のほか背面中央の一間に外開きの扉を備えて、神体山を拝殿から遥拝する神社の古式を残している。「宗像大菩薩御縁起《だいぼさつごえんぎ》」では、七八一年に高宮丘陵の宗像氏男の屋敷内に〈社壇を転じて宗像三神を合祀した〉と伝えて、その後社殿が現在地に建てられたが、社殿を建てたのは大和政権が全国の諸神に位階を授けた八五一年のことだろう。

ちなみに、神社に社殿を設けた最初は五〇八年の慶州に新羅・始祖廟《びょう》を建て替えたのにはじまっている。

本殿の裏を南西に登った杜《もり》の中に古代祭祀をおこなったという社壇がある［写真**30**］。玉石でかこわれたこの神域は宗像大神が降臨した磐境《いわさか》という。高宮《たかみや》と呼ぶ磐境は前節、対馬の天神多久頭魂《てんじんたくずたま》の磐境でもみたように、古代の豪族が一族神を天神にみたてて祀ったきわめて簡素な造景なのである。

ついで、豊前の宇佐八幡にからんで、周防灘と伊予灘を分岐する文殊山を中心にまるくつき出たような国東《くにさき》半島は、山裾《やますそ》に国前・武蔵・来縄・阿岐・田染・伊美の六郷を円周状に連ねて、ほとんどが豊前の宇佐八幡か別当の弥勒《みろく》寺の領であった。

六郷のひとつ伊美から北東に四キロメートルの沖に姫島《ひめじま》という小島がある。姫島とは比売大神《ひめおおかみ》を祀った比売語曾《ひめこそ》神社があるためである。

「日本書紀・神代記」はいう。〈大加羅から舟に乗って越《こし》の笥飯《けい》の浦（敦賀）に来た都怒《つぬ》我阿羅斯等《があらしと》が加羅にいたころ、牛に農具を負わせて畑にむかったとき急にその牛を見失い、足跡を追ってある村にいくと一人の老人が「お前の探している牛が村に入っていったが、村役人がその牛を殺して喰《く》ってしまった。役人は別のもので償えばよいと言っていたが、そのときは村の祀り神が欲しいと言うがよかろう」と言った。阿羅斯等に役人が「代わりになにが欲しいか」と言うので教わったとおりに「村の祀り神が欲しい」と言うと白い石をくれたので、それをもち帰って寝所に置いたところ、白石はきれいな娘に変わった。阿羅斯等がいい気になって娘に言い寄ると娘は隙《すき》をみて逃げてしまい、妻にどこにいったか聞くと「東の方にいきました」と答えた。そこで阿羅斯等は娘を追って海を越えて越に来たのだ〉と。〈阿羅斯等が捜し求めた乙女は難波にいたって比売語曾社の神になり、豊国の国前《くにさき》（国東）にいって比売語曾社の神になったので比売語曾を祀る社は二社ある〉と記して、比売（姫）神やそれを祀る部族が加耶・加羅から海を渡ったものであったことをあらわしている。

宇佐八幡には三つの神殿がならんでいる。「宇佐託宣集」に、宇佐八幡の出現を導いたのは大神比義《おおがみのひぎ》という修験の道士で、比義は辛国《からくに》（韓国）にいた幼童（誉田別尊《ほんだわけのみこと》）を導いたという。それが一柱。道士には山林修行の世話をする女道士がつきものなのだが、それにかわるものとして国東の比売大神を配置して、二柱。さらにはのちに伝説の神功皇后を加えて宇佐八幡の祭神は三柱になった。大神氏と同じような修験の道士に辛嶋《からしま》氏があり、辛嶋氏の女性は宇佐八幡の禰宜《ねぎ》になって託宣をした。

道士が山中でもっとも必要としたのは鏡で、鏡によって近づく人や獣を察知して危険から身を守り、鏡によって吉凶を占ったので道士たちは鏡を手放すことがなかったし、宇佐八幡には鏡が神器として祀られている。この鏡をつくったのは香春岳《かわらだけ》（田川郡）の銅山で、銅を採掘して鋳造したのも、比売神を祀った部族で、加耶・加羅から海を渡ったものであった。

平安後期、日本では永承七年（一〇五二）に末法に入ったとされ、末法思想の社会不安に対して宇佐八幡の八幡信仰と神宮寺である弥勒寺の法華経との習合として五輪塔の建立や、石仏の造像が豊国を中心にさかんにおこなわれた。

31

豊国の南部、豊後水道にそったリアス式海岸の入り江の奥詰めから南西四キロメートルほど、臼杵《うすき》川が大日山の麓《ふもと》に谷地《やち》を形成してできた凝灰岩の崖《がけ》に刻まれた〈石仏群〉がある。石仏の群れは大小六十余体、谷ごとにホキ、堂《どう》が迫《さこ》、山王山、古園《ふるぞの》の四つに大別される。いずれも六世紀後半、百済僧の日羅と蓮城が三重郷《みえごう》の真名野長者《まなのちょうじゃ》炭焼小五郎の発願によって刻んだと伝えるが、一九五四〜五六年の調査によって、これらの石仏は十二〜十三世紀、平安末期から鎌倉前期のものと推定されるにいたった。

四カ所の石仏群のうちはじめに造られたと推測される古園石仏［写真**31**］は、阿蘇噴火でできた柔らかい凝灰岩の崖に龕《がん》を掘って崖庇の下、その岩壁に上半身の仏像を木彫風に立体的に彫り、高さ三メートル弱の大日如来を中心に五智如来、四菩薩、二明王、二天の合計十三体が北面して横一列に並んで金剛界をつくりだし、金堂の構成をもつ石仏寺院になっている。（写真を撮った一九七二年には大日如来の仏頭が崩れ落ちたまま崖には風雨を避ける小庇《こびさし》がかけられた状態であったが、現在は一九九四年の大日如来仏頭の復元や、翌年の覆堂復元によって創建時の姿を再現した懸崖《けがい》のお堂になっている）

臼杵の古園石仏が六世紀後半に百済僧によって刻まれたという言い伝えは根拠のないものではなく、軍兵との引きかえに百済《ペクチェ》が仏教を大和・河内の勢力に伝えたのが五五二年で、それ以前から念持仏《ねんじぶつ》の形で伝わっていた仏教はそれを機会に日本列島各地に浸透していった。とくに豊国の仏教には国家仏教以前の神仏が混交した古代仏教の色彩が強く、豊国には大和・河内を経由するまでもなく、朝鮮半島三国や加耶諸国とは人間の往来があって海路で直接的に仏教は伝わっていたし、磨崖仏《まがいぶつ》の形式も直接的に伝わっていたのである。

## 南北文化の交流をあらわす竹富島の御嶽

アジア大陸の東の果て、南北に長く弓状に延びる日本列島の南半分は、九州南端の大隅半島から種子島、屋久島、トカラ列島、奄美《あまみ》大島を中心とする奄美群島、沖縄本島、久米島、先島群島の宮古列島と八重山列島につながって、その先は台湾で、大陸の厦門《アモイ》や福州はもう目と鼻の先だ。この点々と連なる琉球弧が歴史に現れるのは七世紀初頭で、隋の煬帝《ようだい》が六〇七年、羽騎尉朱寛に命じて流求国を慰撫しようとしたが流求は従わず、翌年麻布の鎧《よろい》を奪って帰国したところ、たまたま倭国の使者がそれを見て〈これは夷邪久国（屋久島）人がもちいるもの〉といったので、六一〇年に兵をだして流求を征し、宮室を焼き、男女数千人を捕虜にして連れ帰ったと、「隋書・流求国伝」は伝えている。夷邪久国は、当時大陸の海の玄関口であった長江の河口、明州《めいしゅう》（寧波《ニンポー》）から東シナ海を隔てて七百〜八百キロメートルの位置にある。

弓状列島のくびれ部分にあたる九州には北アジアから朝鮮半島が延びて、対馬、壱岐で朝鮮海峡と対馬海峡を挟み、弓なりになってできた北の内海を日本海（韓国では東海《トネ》という）、南を東シナ海として、北方からアジアの文化を伝えた太い矢をつがえたようになっ

ている。弓と矢の交点が九州にあたっており、九州は南北文化の結節点になっていた。

琉球弧の南端は台湾にほど近い八重山列島で、石垣島を母島にして島々が珊瑚礁《さんごしょう》にかこまれて群れている。西端の与那国島と台湾とは百キロメートルしか離れていない。

石垣島の南十キロメートルの沖あいに西表島《いりおもてじま》と挟まれるように珊瑚礁の竹富島がある。珊瑚礁であっても西表島や石垣島の島陰にあるためか津波などの被害に遭うことが少なく、一定の人口を維持しながら西表島の畑を耕して姻戚《いんせき》関係がつづき、八重山列島は海域をもってひとつの地域社会をなしていた。

古代名〈信覚〉の石垣島には次のような説話がある。〈アマン神が天の七色の橋から取った土石を大海に投げ入れて槍矛《やりほこ》でかき混ぜると島ができ、さらに人種子をおろすと、最初にヤドカリが、そして地中の穴から男女が誕生した。神はふたりを池のほとりに立たせておのおの別方向に池をめぐるよう命じたが、再び出会ったふたりは抱きあって、そのようにして八重山に子孫が栄えた〉と。

「日本書紀・神代記」は、〈伊邪那岐《いざなぎ》・伊邪那美《いざなみ》が天の浮橋の上で「この下に国がないはずはない」といいながら玉で飾った天沼矛《あめのぬぼこ》をさしおろして探ると、そこに青海原がみつかり、その矛のさきから滴った海水が凝り固まってオノコロ島（淡路島）になった〉という。そこで二神はオノコロ島に降りて、そこで陰陽がはじめて交合して夫婦になり、淡路洲《あわじのしま》、大日本豊秋津洲《おおやまととよあきつしま》（大和）、伊予の二名洲《ふたなのしま》（四国）、筑紫洲《つくしのしま》（九州）、億岐洲《おきのしま》・佐渡洲《さどのしま》の双児洲、越洲《こしのしま》（北陸道）、大洲《おおしま》（周防の大島か）、吉備子洲《きびのこしま》（備前の児島半島）と、つぎつぎに国を生んで大八洲国《おおやしまのくに》ができたという。

なんとこのふたつの説話は似ていることか。

沖縄一帯には本土でいえば神社に相当する〈御嶽《うたき》〉という拝所《おがんじょ》がある。御嶽はオンタケやミタケと同じ言葉である。八重山ではオーンと呼んでいる。どこの御嶽［写真**32** 竹富島の御嶽］も樹木が鬱蒼《うっそう》として森をなしているが、クバの木がひときわ高くそびえて、この木は神が好んで降りられるものと信じられている。神木の前にはわずかな空き地があり、そこには三つの石が埋められてある。この石垣にかこわれたオブまたはウブと呼ぶ聖域は磐境《いわさか》にあたり、神人しか入ってはいけない。

ウブの前には四角い切り石の香炉が置かれ、この香炉を通してむこうの神木のあるウブを拝むことになる。拝むことはオトホシといい、オトホシをするのは神がかった巫女《みこ》で、ユタあるいはノロという。沖縄では神仏両方ともに線香がもちいられる。女性が神を祀るので香炉は女性の管理のもとにあり、嫁にゆくときには香炉をもって嫁いだ。沖縄ではそれほど社会の中で女性の役割がしっかりと位置づけられている。

石垣島では、根所《ねどころ》もしくは根屋《ねや》と呼ぶ集落の中心になる家は入郷祖の家であるが、その男主人は根人《ねひと》と呼ばれて部落の祭祀のいっさいを賄う。根人の姉妹か娘のひとりは集落の神に仕える根神《ねがみ》となって、彼女が祈り祀るときには神の霊が彼女に乗り移って神人になると信じられている。だから御嶽のウブでオトホシをするのはユタかノロに限られるのであって、ユタかノロなくしては御嶽の祭祀はありえない。

御嶽は読んで字のごとく、北方民族の南下によって伝わった山岳信仰が琉球に土着したものである。大陸の五岳信仰が道教や儒教、仏教に結びついて、皇帝を天子に祭りあげるべくしてその祭祀は男の皇帝によっておこなわれたが、琉球においては御嶽の祭祀はノロという女性の神人によった。日本列島の本土においては国家形成期に祭祀など唐にならったので、男系の役割が肥大化、権力化した結果として、神人は男性に限られてしまう。

北方文化伝来のメインロード朝鮮半島においても国家運営の多くを唐から学んだものなのであるが、もっとも唐の風習をとり入れた時期の新羅《シルラ》二十七代の善徳《ソンドク》女王は神がかった女帝であったためか、女性の神人はずっとつづいた。これはもしかすれば南方系のシャーマニズムが琉球から九州を北上し、耽羅《タムラ》（済州島《チェジュド》）や加耶《カヤ》に伝わって新羅に入ったものとも考えられる。しかし朝鮮半島も十四世紀末に李朝《イジョ》が儒教を国教にするにおよんで男尊女卑の風を強め、巫女は体制からはずされて賤民《せんみん》にされてしまったのである。

## 伊予・外泊の集落と淡路島との関係

四国・愛媛県の西南端、城辺《じょうのべ》から西へ十キロメートルほど、宇和海に面する船越（現・西海《さいかい》）からさらに海ぞいを西に内泊、中泊と浦々の集落を進めばその突端は〈外泊《そとどまり》〉になる。入り江ぞいの崖を削ってできた道を西方に進んで小さな女呂岬を回りこもうとするところ、前方にみえる道越の鼻とのあいだの左手に、急峻《きゅうしゅん》な権現山の裾《すそ》に北面して外泊の集落はある。かつては海路でつながる浦の集落である。

南の権現山から北の浦におりる集落のまん中には玉石を川床にした溝がまっすぐに走りおりていて、これがこの集落の水源になっている。背骨のようにまん中を縦上下に走る溝の両脇には石畳の路地があり、それを起点に横に路地が延びて、さらに縦の路地がついた傾斜地に碁盤の目の街区を構成している。ひとつの街区を田の字形にそれぞれ六十～七十坪ぐらいに四つに区画して、三つは屋敷にあて、残りのひとつは畑にあてるというのが基本パターンである。それぞれの区画は急峻な傾斜地に石で積んだ台地になっていて、その石積みはそのまま上に積みあげた石塀になって、段々に重なる石垣を下からみあげるとまるで強固な石の砦のようで、段々に重なる石垣が外泊の景観を決定づけている。「写真**33**」

それにしてもこの石垣はみごとなもので、石積みのやりかたを熟知していなければこのような石垣はできなかったであろうし、メンテナンスも叶《かな》わない。石積みにかかわった人たちがもとから石積みの技術をもっていたと考えるべきである。

外泊の成りたちは、江戸末期に中泊の本家筋、吉田喜十郎を中心に次男、三男が中泊の

集落から通って開墾して分村したという。朝は暗いうちから夜ふけるまで石を運んでは積みあげる労苦で、当時作業にあたったものはみな早死にしたと伝えている。

開墾作業は漁労と同じように本家筋に統率されておこなわれ、できあがった土地の配分は本家筋のものを決めたあと籤引《くじび》きで決めたという。どこか香具師《やし》の縄張りのしかたに似ているが、これは網を仕掛けて集団で漁をする漁師ならではの代々伝わる規範なのだ。

外泊の開墾が完成したのは明治になった一八七九年で、外泊のもとになった中泊の集落は、それより二百年近く前の一六九六年に淡路・福良の喜兵衛なるものが内泊の集落に来て長吉の娘を娶《めと》り、開墾を願い出て中泊は実現したと「吉田家文書」に伝えている。つまり、外泊のもとになったものは淡路島にあったのである。

四国は東西に走る山脈によってできている大きな島で、山間に深く刻まれた谷あいには古代から傾斜地に石積みで石垣を築いた段々畑（棚田）や山城が営まれた。四国山脈の西端は大きな鉈《なた》で断ち割られたように豊後水道で九州とわかれ（外泊はそこにある）、東端も同様紀伊水道で紀伊半島とわかれて、断ち割られた大きな破片が飛び散ったように淡路島がある。神話で伊邪那岐・伊邪那美が天沼矛で海中をかきまわして、その矛先から滴り落ちて最初につくられたというオノコロ島である。

淡路島は瀬戸内海が播磨から紀伊水道に入ろうとするところに弁のように海流に抗している。そこに古代、海路で西からやってきた部族がいついた。

矛先から滴って固まってできたオノコロの山は先山《さきやま》といって洲本《すもと》の近くにあり、現在は淡路富士と呼ばれている。先山の頂上には祭器や高坏《たかつき》を出土する古代の祭祀遺跡がある。近くには新羅系の白髭《しらひげ》神社があるのだが、洲本の生石《いくいし》崎の佐比山（百二十一メートル）の東南麓《ろく》に小さな祠《ほこら》があって、生石神社という。ほんらいは断崖中腹の穴ぐらに天日槍《あめのひぼこ》を祀ったものであったが、明治の初期に砲台を築くにあたって地形が変わり、近年の観光開発によって小祠が移築された。岩山の洞窟《どうくつ》に祀るさまは琉球（沖縄）で最近までおこなわれていた洞窟葬に似ていて、この小祠のもとは天日槍とされるものの、墓所であった可能性が高い。

天日槍とは朝鮮半島南端の加耶《カヤ》・加羅《カラ》から渡った部族の祖とされるもので、筑紫・伊都国王の五十《いと》迹手《で》の祖でもある。その天日槍集団は加耶・加羅系のハタ部族やアヤ部族などを生みだし、筑紫から稲作をもって瀬戸内海を通って点々と足跡を残して摂津、大和や近江、山背《やましろ》に進出した。淡路をひらいたのも、四国をひらいたのもこの天日槍集団なのだ。

天日槍集団は稲作に限らず漁労をよくして海洋民として知られ、また石積みの技術をもっていて、瀬戸内海沿岸に石垣の段々畑や、神籠石《こうごいし》という山岳信仰祭祀場や、山城《やまじろ》などを築き、それが今に残っている。

四国西端にある外泊には反対側の東の淡路から、開拓者は舟に乗ってやってきた。伊邪那岐と伊邪那美が天沼矛で海中をかきまわして滴らせて淡路島をつくったように、外泊は天日槍集団が古代からもっていた石積みの技術でつくられている。ということは、伊邪那岐・伊邪那美が〈国生み〉の造景技術として使ったという天沼矛を、加耶・加羅系のハタ部族が神格化したものが天日槍であったことを思わせるのである。

## 石舞台、そして檜前寺の塔心礎と、於美阿志神社の石塔から飛鳥を語る

歴史の舞台は大和の飛鳥である。飛鳥川のほとりに巨石の石組みを露出した古墳の跡がある［**写真34**］。この巨石の石組みは長いこと〈鬼の石舞台〉と呼ばれて、長い間なんなのかは不明とされていた。

石舞台が調査されたのは一九三三年で、長さ十一・五メートルある羨道《せんどう》の天井石は崩れて跡形もないが、石室は南北に長く内法《うちのり》三・三メートル×七・六メートルの石組み空間で、天井の高さは四・八メートルもあり、天井石はいちばん大きなもので七立方メートルあまり、ここより東南東へ三キロメートルの〈モウコンの森〉と呼ばれたところから掘りだされた花崗岩《かこうがん》と推定された。また、この石組み空間の玄室の床には排水溝が施されていて、床面は南北に一〜二度の傾斜がとられ、一本の暗渠《あんきょ》、両脇の石壁下に溝渠《こうきょ》が左右二本走っていた。玄室外の東部には貼石列が埋まっているのが発見され、二年後に二次調査が実施されて、この巨石の石組みは底辺五十一メートル四方の、周囲に貼石を施した、巨石組み横穴式石室をもった王者の方形墳の跡であったことがはっきりした。

近くには蘇我馬子が百済《ペクチェ》から寺工や瓦工を呼んで建てた法興寺（飛鳥寺）の跡があり、飛鳥川の対岸には蘇我一族が宮を構えた甘樫丘《あまかしのおか》を挟んで右方に大和三山の耳成山と香具山を望んでいる。甘樫丘でみえないむこうはもうひとつの畝傍山《うねびやま》である。つまり、ここは蘇我王国飛鳥の本拠地であり、石舞台とは、いっとき権力をほしいままにした蘇我馬子を六二六年に葬った古墳で、それが、中大兄《なかのおおえ》（天智天皇）と中臣鎌足《なかとみのかまたり》が結んで六四五年に蘇我蝦夷《えみし》、入鹿《いるか》父子を滅ぼして最大の屈辱として与えた墓暴きに遭った。王者の墳墓が丸裸のままなのは、天武天皇（皇極・斉明女王の次男）と鸕野讃良《うののさらら》（天武天皇の皇后、後の持統天皇）が飛鳥に天皇制を敷くにあたって、かつて飛鳥に権勢を誇った蘇我馬子の巨大な墳墓があることは邪魔であったのだ。この古墳址は蘇我一族の怨念《おんねん》を恐れて長い間〈鬼の石舞台〉と呼ばれていた。

蘇我一族が葛城山《かつらぎさん》の麓《ふもと》、飛鳥の地で権勢を誇ったのは馬子の代である。河内《かわち》から大和川をさかのぼり、峠を越えて大和盆地の飛鳥川に居を移したのはその父稲目《いなめ》のときで、その前は高麗《こま》、韓子《からこ》、その祖は百済から河内の石川にきた木満智《モンマンチ》と伝える。百済八大姓のひとつである木氏《モクシ》の木羅斤資《モンナクンザ》、木満智が蘇我石河宿禰《いしかわのすくね》となって、蘇我満智宿禰《まんちすくね》になった。

蘇我一族は朝鮮半島系の豪族として大和の地に入って盆地の西側の葛城山麓を占めた。そこにはやはり朝鮮半島系のカモ族の一派である葛城一族がいた。葛城一族の上に乗っかった形の蘇我一族は百済譲りの仏教との関係を強めて、日本列島で初の大寺、法興寺を屋

敷地の大野丘に築いて（五八五年）、いちはやく古代王者の造景を出現させたのであった。

石舞台の近くに、古代からつづく集落として有名な檜前《ひのくま》がある。大和盆地の南部、現在は明日香村といっており、村域に、天武・持統天皇夫妻の大内陵、文武天皇安古岡陵、欽明天皇坂合陵、吉備姫王墓や、高句麗《こま》式の星宿図や四神図、呉服《くれふく》を着た男女図の壁画をもつ高松塚古墳やキトラ古墳といった王者たちの陵墓を数多く展開する小高い丘陵地に檜前の集落はある。六〜八世紀の、覇権争いに明け暮れた大和盆地の中心地の飛鳥である。

明日香村教育委員会は二〇〇九年二月に檜前遺跡の丘陵に、七〜八世紀とみられる五棟の掘っ立て柱建物址がみつかったと発表した。もっとも大きな建物は、南北十三・六メートル、東西十・五メートルの床張りで、ほかに庇《ひさし》付きや間仕切りをした建物もあり、それは檜前寺の造営に携わったものの住居ではなかったかとした。

檜前寺とは、檜前に依拠した東漢《やまとのあや》が、六八五年に天武天皇が諸家に仏舎を奨めたのに呼応して建立した氏寺である。現在は塔の心礎しか残っていない。

東漢はいっとき蘇我一族と組んで権勢を誇っていたが、六四五年に中大兄の起こした〈乙巳の変〉で蘇我が滅ぶにともなっていちじ衰退したのだが、もともと飛鳥の高市に加耶・加羅譲りの文化をもった強力な地付き豪族に育っていたために消滅することなく存続

し、大海人《おおあま》（天武天皇）と鸕野讚良（持統天皇）が近江（大津）朝廷の大友皇子を滅ぼした六七二年の〈壬申の乱〉のときには大海人に与《くみ》して大和盆地での復権を果たした。東漢は三～七世紀にかけて朝鮮半島の安羅加耶《アラカヤ》から渡来したアヤ部族の一派である。

残っている檜前寺の塔の心礎［写真**35**］は、木造重層塔の心柱を受けた石臼《いしうす》のような円形で、中に窪《くぼ》みがあり、中心の円穴には瑠璃《るり》（仏舎利）を収めたものであろう。穴のまわりには溝を刻んで、外にむかって南北に外枠をくぐって、その溝は排水溝になっている。

塔の中心の真下に瑠璃など仏宝を埋めるやりかたは石造塔であろうが木造塔であろうが、インドや中国はもちろん朝鮮半島にもある。しかし木造塔が心柱をまっすぐ下に伸ばして、すこし浮かせてバランスを保たせ、瑠璃を収めた心礎でそれを受ける構造は日本列島にしか残っていない。朝鮮半島に残存する木造の塔は四隅に力を散らす四柱造りなのでこの心礎で受ける構造はどのように伝わったのかはわからないが、日本列島の初期の寺院はみな百済から工人を呼んで建立したのであるから、この構法は百済からのものなのである。だが旧百済の地には、その時代の木造建造物はなにひとつ残っていない。

檜前寺の横には檜前に入った東漢の入郷祖・阿智王《あちおう》を祀った於美阿志《おみあし》神社がある。祭神名が阿智王の変じた於美阿志なのでそう呼ぶのだが、ここには十三層の石塔が残っていて、檜前寺と合わせて神仏が習合した古い形の神社仏閣である。［写真**36**］

35

十三層石塔は土を盛った基壇の上に建っている。石塔にこめられているのは釈迦牟尼《しゃかむに》仏の舎利（瑠璃）であり、基壇のところに釈迦が降りたったがごとき姿でもある。神社の祭壇は神が降りきたる神籬《ひもろぎ》と呼んでいるのだが、基壇にのった十三層石塔はあたかも阿智王が釈迦の姿になって降りきたったかのようなのだ。

二〇〇九年三月、桜井市教育委員会が檜前から北へ九キロメートルほどの纏向《まきむく》遺跡から三世紀前半とみられる三棟の建物址を確認したと発表した。一九七八年に調査した神殿のような建物址の東五・二メートルの柵の内側に、新たな発見として二棟が東西の軸線上にならんで建てられていて、直径十五センチメートルほどの細い円柱架構のようで宮殿にしては細いのだが、いずれにしても倭諸国のひとつの国の中心施設であると思われた。

纏向とは三輪山と痛足《あなし》川で隔てた纏向山に穴師坐兵主《あなしにますひょうず》神社を中心に、天日槍を祀った部族である。葛城山によった檜前に新しく入った東漢の祖の名は阿智王であるが、纏向はイマキではなく、それ以前から日本列島に居を構えていたアヤ部族で、天日槍は近江をはじめアヤ部族が居留した日本列島の各地に祀られている。

アヤ部族が大和盆地に入って定着したのは、難波に注ぐ大和川の支流である飛鳥川や曽我川、高田川、葛城川が盆地の南部に多くの谷を削った山襞《やまひだ》が古代の稲作農耕に適していたからである。アヤ部族は稲作、製鉄の先進地である阿羅加耶からやってきて、稲作はもちろん、土木技術、製鉄技術や作陶技術、養蚕技術、製紙技術などを日本列島にもちこんだ。それらの生産に必要不可欠なのは木材で、アヤ部族は木材を求めて大和の山中にわけいって、山上に古墳群をつくり、生活習慣をも朝鮮半島からもちこんだのであった。

大和盆地南西の葛城山の麓に居を構えた葛城氏に被《かぶ》さるようにやってきたイマキの東漢とは別に、それ以前、東南の三輪山の麓に居を構えていたアヤ部族は穴といって天日槍を祭神としていた。穴とは、近江の穴に〈天日槍〉を祀る安羅神社があることからすれば、朝鮮半島の南端・安羅加耶の部族、つまりアヤ部族を指しているのである。

## 〈楽浪の志賀〉にたたずむ石塔寺の阿育王塔

滋賀県・八日市の南、琵琶湖東岸の平野が鈴鹿山麓にさしかかるところ、長い石段を上りつめると小山の頂に高さ八メートルほどの〈石塔〉が建っている［写真37］。石塔の下三層は方形であるが、その上には石の輪塔を十層のせているので、石造りの三重塔というか、十三重塔といおうか、石塊をすっくと積み重ねた姿は特異な形態である。

周囲の玉石積み基壇には小さな石塔をところ狭しとならべて大きな石塔の足元を隠している。まるで小さな石塔の畑の中に巨大な石塔がにゅっと起立しているようなさまである。その悄然《しょうぜん》としたたたずまいは、えもいわれぬ寂しさをたたえている。

寺伝によれば、釈迦の入滅後百年にインドの阿育王が八万四千の塔に仏舎利を収めてあまねく天下に撒《ま》いたというが、そのうちの二塔が近江に飛んできて、ひとつは琵琶湖の湖中に、そしてもうひとつの石塔がこの渡来山に埋まったものだという。一〇〇三年、比叡山の寂照法師が入唐修学中にそのことを聞き、播磨・明石の増位寺の義観僧都に伝えたところ一条天皇が聞きおよび、命がくだって野谷光盛が山頂の塚から石塔を発掘して、一〇〇六年に七堂伽藍《がらん》を建てて〈石塔寺《いしどうじ》〉にしたという。

しかし、この石塔の姿はどうみても古代百済《ペクチェ》のものである。自然の石塊をそのままにしたような野面の石を、そのまま積み重ねた素朴な信仰の姿で、細かな細工などいっさいみせずに石塔はしっかりと建っている。飛んできたはずはないので、きっと五～六世紀に百済から渡来した仏徒が連れてきた石工を指揮して建てた石塔だ。積みあげた石を倒れないように組むにはそれなりの技術が要るのだ。

また、先の対馬・天神《てんじん》多《た》久《く》頭《ず》魂《たま》の石積み塔でみたように、自然石をそのまま積みあげたような石塔は山岳信仰と仏教とが習合した古代仏教の素朴さをみせている。

近江は古来、朝鮮半島から先進文化を背負って渡った部族が割拠する地域であった。三国抗争にあけくれる朝鮮半島に狭苦しさを覚えて、勇躍東方に新天地を求めた部族たちが権力抗争とは無関係に生き生きと時を過ごそうと、その象徴として建てたのがこの石塔ではなかったか。しかし時代はこの新天地を理想郷のままにはしておかなかった。

近江という琵琶湖東岸の鈴鹿山系よりの山裾《やますそ》には湖東三山といわれる西明寺、金剛輪寺、百済寺が北から南にならんである。いちばん北の西明寺の開基は八三四年の平安前期であるが、ほかのふたつは奈良期いぜんのもので、南から発して時代とともに北上している。

百済寺はその名のとおり、百済の竜雲寺《ヨンウンサ》に模して厩戸王子《うまやどのおうじ》と慧慈《えじ》と道欣《どうきん》らが建立したものという。慧慈が高句麗《コクリョ》からきて厩戸王子の師になったのが五九五年、厩戸王子が没したのが六二二年とされているので、百済寺が建立されたのもそのころで、湖東三山のうちもっとも古い。五九四年に推古女王が仏法僧の三宝の興隆を奨めて設けた氏寺のひとつだ。

金剛輪寺は別名松尾寺といい、隣の山背《やましろ》（京都）にある秦《はた》一族の神社である松尾神社と同じ名称で、加耶《カヤ》・新羅《シルラ》系秦一族の氏寺であることがわかる。開基は七四一年に加耶・百済系の行基といい、諸国に国分寺を建立する聖武天皇の詔が出た年のことである。

近江については、琵琶湖の湖岸を〈志賀〉と呼んで〈サザナミの〉と枕詞《まくらことば》をつけたのだが、そのさい〈楽浪の〉とあてた。漢の武帝が紀元前一〇八年に朝鮮半島の首根っこの平壌《ピョンヤン》のあたりを中心に郡を置いた〈楽浪〉と同様なのだ。漢の楽浪は東アジアの文化の中心になり、大陸中央の洛陽や長安（西安）と朝鮮半島や日本列島とをつなぐ窓口になった。三世紀には楽浪の南を割いて帯方《デバン》（ソウルのあたり）を設け、四世紀には楽浪や帯方を高句麗が取っていたが楽浪の文化的地位は変わらず、日本列島からは楽浪とは中華の洛陽や長安に直結することを指していて、古代倭族から歴代中国皇帝への朝貢は楽浪や帯方におこなわれていた。近江の志賀は楽浪の先進文化をさざ波のようにきらきらと反射する理想郷だった。

そんな琵琶湖のほとりの大津に宮を設けて朝廷を開いたのは中大兄である。

六六〇年、唐の陸海十三万と新羅五万の大連合軍が百済の泗沘城《サビソン》（扶余《プヨ》）を攻めて百済の王朝は熊津《ウンジン》（公州《コンジュ》）に逃げ、義慈王《ウィチャワン》と隆《ユン》王子は唐に降伏した。百済の残党は同盟関係にあった大和・河内にそのことを伝えて、河内にいた鬼室福信《クィシルボクシム》と王子の余豊章《ヨプンジャン》の返還と、百済への救援を要請したので、翌年、斉明女王は息子の中大兄を執政につけ、百済救援将軍に阿倍比羅夫《あべのひらふ》と安曇《あずみの》比邏夫《ひらふ》を任じて東国の兵士を難波津（大阪）に集結させ、自らも筑紫の那津《なのつ》（博多）に出むいたが、内陸の朝倉・橘広庭宮《たちばなのひろにわのみや》に移って力尽きて没した。翌々年、中大兄は那津で福信に兵器や種稲等を与えて帰し、阿倍比羅夫に豊章を送らせて、百済復興軍をおこした。六六三年、上毛野稚子《かみつけぬのちご》が那津から二万七千の兵を率いて新羅にむかったが、百済では主導権争いがおこって豊章が福信を殺害し、白江《ペクガン》（錦江《クムガン》中流域の別名）に突撃した中大兄の遠征軍四百艘《そう》は二日間の戦闘で唐の水軍に完膚なきまで叩かれて全滅し、豊章は高句麗に逃げて百済は完全に滅亡、百済と同盟関係の大和・河内は朝鮮半島の地歩を失った。

翌年、那津で敗北を知った中大兄は対馬、壱岐、筑紫に烽台《のろしだい》と防人《さきもり》を置き、亡命の百済人に水城を築かせ、ついで筑紫の大野と周防の長門に城を築かせて唐の追討に備え、本人は瀬戸内海を退却して、六六六年には畿内にいた百済人二千人を東国に移した。難波に上陸した中大兄は六六七年に大和の飛鳥・板蓋宮で母の斉明女王の葬儀をおこない、大和に高安城、讃岐に屋島城を築いてよりいっそうの防備をはかったうえで、難波より奥地の、古来より朝鮮半島出身部族が土着して先進文化の色濃い近江の大津に宮を設けることにした。琵琶湖を北上して山越えをすれば越の国で、日本海側の敦賀にも出られる。翌年、中大兄は大津宮で天智天皇に即位した。亡命の旧百済貴族をそのまま役職につけて新しい文明をひらき、唐にも通用する朝廷をつくろうとした。そのように、新天地を求めて朝鮮半島から移り住んだ〈楽浪の志賀〉は大和の覇権の下に組みこまれてしまった。

　三年後の六七一年に天智天皇は大津宮で重体に陥り、年末に天皇が死ぬと、大友皇子と叔父の大海人との間は皇位争いで緊張し、近江の大友皇子は美濃と尾張に動員令を発した。吉野にいた大海人は部下を美濃に急行させるとともに妻の鸕野讃良（持統天皇）と息子の草壁王子を伴って吉野を脱し、伊勢神宮を遥拝してから美濃に入ったという。近江からは高市皇子や大津皇子が大海人のもとにはせ参じて骨肉を争う〈壬申の乱〉がはじまった。大海人の軍は美濃から近江、大和に進攻し、大和の大伴氏も呼応して近江軍を破り、大友皇子は大海人に敗れて自害した。大海人は伊勢をへて飛鳥・岡本宮に入り、六七三年に飛鳥・浄御原《きよみはら》宮で即位して天武天皇になった。政治の舞台はふたたび大和の飛鳥にもどったのであった。

　〈楽浪の志賀〉が都であったのは五年たらずの短さである。そしてさざ波のように輝ける近江は、朝鮮半島出身の豪族が割拠するもとの姿にもどった。

　百済から渡った石塔寺の阿育王塔が悄然とたち残ったのもそのような経緯なのであった。

## 東国の荒川水系はカラ系部族の居留地

　武蔵の荒川水系に、東武東上線東松山駅の東二・五キロメートルのところに〈吉見百穴〉という岩山に二百あまりもの横穴をみせる群集古墳がある「写真38」。通常墳墓は独立して築かれるもので、群集墓は墳丘に一族何代かの墳墓が集まって築かれるものであるが、このものはひとつの砂岩の山にいくつもの穴を横に穿《うが》ってあり、横穴墳が集合するさまはまるで蟻塚《ありづか》のようなのだ。横穴式墳丘墓は石室を組みたてた上に大きな蓋石《ふたいし》をのせて、その上を墳丘で覆うものなのだが、ここのものは岩山を横に掘って石室を掘りだしている。さらに、横穴墳の口は石の扉で塞《ふさ》がれるものなのだが、塞がれることなく墓穴をさらす異様さは、一八八七年の発掘調査によって表土が剝《は》がされたままになってできた。一般的には武蔵では七世紀初頭に横穴式群集墓が盛行したとされるが、ここのものは墓穴を竪に掘りだしてつくる竪穴式に近いつくりをしていて、七世紀よりもっと古いものではないだろうか。

38

中世になって吉見の丘陵には源頼朝の弟範頼によって館《やかた》が築かれた。館のある丘陵の麓《ふもと》には町が形成されて、幕府のある相模の鎌倉とは街道で結ばれて吉見御所といわれた。中世の武蔵や相模に割拠した武蔵七党という土豪集団は、朝鮮半島系出身部族が古代に武蔵の土地に根づいて地つきの豪族に育ったものである。近畿の権力中枢で育った朝鮮半島出身部族の源氏が先住の朝鮮半島出身系部族の力をたのんで中世の武蔵に覇権が形成されたのは、朝鮮半島から発した地下水脈が列島に渡って脈々と流れて、東国に湧出《ゆうしゅつ》したものといえる。

〈岩殿山安楽寺〉が栄えたのも中世で、範頼の吉見御所につづく丘の上に二十五間四面の大堂と、高さ三十三メートルの三重塔を構えた壮大な寺院であったというが、室町期に入って上杉と北条との合戦で兵火に焼かれ、近世に再建されたのは徳川の外護を受けた寛文元年（一六六一）のことである。再建本堂の欄間には、左甚五郎作という虎《とら》の彫刻などが施された武家好みのかなり豪華絢爛《けんらん》なつくりになっている。この本堂のま裏には〈岩戸〉と呼ぶ奇妙な玉石積みの古い塚があって［写真**39**］、中には本尊の聖観音が安置されていたという。

その本尊は行基が刻んだものを自ら収めたと言い伝えているが、それはどうであろうか。なにしろ、行基が収めたという本尊や、行基が開いたという寺院は日本列島のいたるところにあるが、行基は畿内から出たことがないというし、真偽のほどは定かでない。玉石積みの塚はむしろ、この地に庵を結んだ故人の墳墓塚だったのではあるまいか。〈岩戸〉と呼ぶ玉石積みの姿はストゥーパのようで、開山僧の墳墓が石塔化したものだろう。

言い伝えはさらに、石の扉で閉ざされた塚を坂上田村麻呂がおし開き、そのとき行基作という聖観音が光り輝いて、あたかも神話の天照大神《あまてらすおおみかみ》が天の岩戸から出現したようであったから〈岩戸山〉という山号をつけ、それが〈岩殿山〉に変じたというのだから、作り話も念がいっている。その本尊聖観音の顕現した岩戸が本堂のま裏にあって、この積み石塚が安楽寺の基であったことを示している。

言い伝えの行基や坂上田村麻呂といった登場人物は多くの事情を物語る。

まず田村麻呂であるが、平安朝が勢力を拡大して東国にまで版図をおよぼそうとした八世紀末から九世紀初頭にかけて征夷大将軍として東国に遠征したことで有名な武人で、田村麻呂が奥羽にまで東征する途上に安楽寺があったので、途中、武蔵の吉見に寄ったことは充分に考えられる。そのときもしかしたら田村麻呂は武人の腕力を発揮して石の扉をこじ開けたのかもしれないし、山城《やましろ》（京都）の平安京に清水寺を建立したほど権勢家の中央の官人がきたのであるからそれなりの顕彰をしたのであろう。なにしろ坂上氏が出た大和の檜前《ひのくま》は前述したように、六世紀に蘇我一族と組んで勢力を誇示した東漢《やまとのあや》の集落である。

田村麻呂が出たアヤ部族は朝鮮半島南端の阿羅加耶《アラカヤ》を出自とするが、阿羅加耶は六世紀中葉に百済《ペクチェ》に併合され、百済が七世紀中葉に唐・新羅《シルラ》連合に敗れたさいに南斉仕込みの貴

39

族文化をもって日本列島に居を移してイマキノアヤと称し、河内で西文《かわちのあや》となり、ついで大和の高市に入り、それ以前よりいたアヤ部族に合流して東漢となって一大勢力をなした部族なのである。アヤ部族は水稲耕作はもちろん築堤の技術をはじめ寺院の建設、造仏や、織物などの工芸を伝えた。東国の荒川水系にはそのアヤ部族の足跡が数多くあり、河口の隅田川西岸の浅草には一寸八分の聖観音像を本尊にする浅草寺があるが、その本尊を拾いあげたのが西文の土師《はじ》と東漢の檜前からきた浜成・武成兄弟の三人だったという。

檜前出身の田村麻呂が東征したというのは、東国にいた朝鮮半島出身部族の居留地を足がかりに、東漢の出世頭である征夷大将軍の威、ひいては平安朝廷の覇権を示そうとしたものであった。朝鮮半島では六世紀、新羅の真興王《ジンフンワン》が漢文石碑によって覇権を示したことはすでに述べたが、その真興王などに朝鮮半島から追いだされた部族の後裔《こうえい》である田村麻呂は寺院を開くことで日本列島における国家建設の威を示した。日本列島における仏教寺院の建立というのは、目に見える国家建設の具体的な造景であったのである。

では、聖観音を刻んで収めたのが行基というのは、なんであろうか。行基は百済貴族の末裔といわれ、河内の西文出身で、田村麻呂より百年ぐらい早い七〜八世紀の仏教僧であり、九世紀初頭に空海が登場するまでは博学第一、文殊菩薩《もんじゅぼさつ》の再来といわれた。唐帰りで新羅系の僧・道昭に学び、国分寺の種を撒《ま》いて東大寺開山の大僧正になったことで有名である。行基は若いときに葛城山で山岳修行を積んで呪験力をつけ、多くの老若男女を救済

41

したという。とくに平城京建設のさいには諸国から集められた役民を済度《さいど》して、民衆の間に仏教の効能を広く示した。また、行基は畿内に集った労働力や、自身の出身母体の西文がもつ土木技術を駆使して池や堀を築き、道路をつけ、船着き場をつくったという。

荒川をさらにさかのぼって山中深く入ると秩父の盆地に出る。

秩父は七〇八年に新羅から渡来した金上元なるものによって銅が発見されて一躍脚光を浴びた。対馬から金が献上されて七〇一年に年号を〈大宝〉としたのにつづいて、秩父で銅が出たことで和銅開珎《わどうかいちん》を発行し、年号を〈和銅〉として元明天皇による平城京造営の詔が出た。ちょうど行基が大和で、平城京建設に諸国からかりだされた役民を済度した時期である。

秩父盆地には古刹《こさつ》の観音をめぐる〈秩父観音霊場三十四番札所〉が設けられているが、それらの観音像の多くが行基作と伝えられている（先にも述べたように行基が東国に来たはずはない）。その中のひとつに、三十二番札所として岩船山法性寺がある。山号の〈岩船〉というのは奥の院の修験場の岩場が船の形をした巨石［写真40］で、これは前章の新羅でもみた山岳信仰をルーツにする山岳修験の道教と仏教とを習合したものなのである。［写真41］

山中の法性寺には手前の石段を上った本堂に薬師如来を胎蔵した釈迦如来像があるのだが、ここを別当寺としてさらに岩を削った石段を百メートルほど上ったところの岩屋に舞台造りの観音堂が挿しこまれている。その観音堂の本尊も行基作と伝える一メートル三十八センチで秘仏の聖観音立像である。

行基作と伝える仏像は聖観音像が多い。法性寺の〈秩父観音霊場〉でも、〈東国観音霊場〉でも、〈西国観音霊場〉でも、空海ゆかりの〈四国八十八カ所〉でも、行基作と伝える聖観音像を本尊にするものが多い。これらの寺院はみな庶民信仰を基盤にした古刹で、官寺の最たる東大寺の大僧正にまでのぼった行基にもかかわらず、行基作と伝える観音像がある寺院は庶民信仰の寺院なのだ。つまり、平城京造営に諸国から大和に集められた役民が行基の威徳に触れて、効能ある仏教を故郷にもち帰って〈文殊菩薩さまのような行基〉というありがたい伝説を伝えたことが〈行基がつくった観音像〉ということになったのである。

坂上田村麻呂の東征が加耶・加羅系部族の居留地を足がかりにしたものであったのと同様に、行基伝説を生みだした東国出身の平城京造営の役民もまた加耶・加羅系部族のものたちなのであった。

## 〈上野一之宮は貫前神社〉ということ

荒川水系より北側の利根川水系をさかのぼった群馬県の藤岡のあたりから支流の鏑川《かぶらがわ》に入ると、流域は甘楽という地名になる。かつては甘良とも記した。現在はカンラと読んでいるのだが、もとはカラと読んだ。カラの地名がついているのは太古には朝鮮半島渡来の部族がここに居留して土着したことをあらわしている。

群馬には前章の加耶《カヤ》・加羅《カラ》でみた四世紀の古墳と同様、馬冑《ばちゅう》や鉄剣を副葬する墳丘が数多くみられる。朝鮮半島から渡来の部族は、水耕稲作と狩猟のより豊かな楽土を求めて朝鮮半島を南下し、さらに日本列島に渡って東進して蝦夷《えぞ》地の東国に根づいた。楽土を求めて土着した部族が居留する東国に、六世紀から八世紀にかけて西国を舞台に熾烈《しれつ》な権力抗争をくりかえして成立した大和・河内の王権が新たに加耶・加羅系部族を送りこんだ。ここは大和王権による蝦夷地侵略の拠点になった東国の毛野《けぬ》なのだ。

日本列島に渡った部族が東方の陸奥《みちのく》に目を向けたときに、熊《くま》、猪《いのしし》や鹿、兎《うさぎ》の遊ぶ沃野《よくや》があって、そこを〈毛野〉と呼んだ。上毛野《かみつけぬ》というのは現代の群馬県のことであるが、それは毛物である野獣のいる原野という意味の〈毛野〉という地域名が上下にわかれて上毛野と下毛野《しもつけぬ》（現・栃木県）になって、それを略して上野《こうずけ》と下野《しもつけ》になった。

その上毛野であった地の甘楽、鏑川のそのまた支流の丹生《にゅう》川東岸に〈上野一之宮貫前《ぬきさき》神社〉と称する神社がある。神社名にわざわざ〈上野一之宮〉を冠するのはかつて赤城神社と一之宮争いをして貫前神社が一之宮になった経緯があったからで、赤城山にある赤城神社の「由緒略記」は〈もと赤城神は一の宮であったが、機を織っているときにクダが不足し、貫前神に借りて織りあげたので、織物がじょうずで、財持ちである貫前神に一の宮をゆずり、自分は二の宮になった〉と悔しさを滲《にじ》ませている。貫前神社は織物の神で、絹織物がさかんであったという上野のなかでも甘楽は特にさかんであったから、技術的、経済的な優位さから貫前神社のほうが一之宮を獲得したとみられる。

貫前神社の祭神は経津主神《ふつぬしのかみ》と姫大神の二柱になっている。経津主神というのは大和にいた物部《もののべ》系の部族がその部族神を石上《いそのかみ》神宮に祀《まつ》ったもので、先に貫前にいたった姫大神という機織り神に、あとに来た勢力のある物部の部族神が重なって二柱になったものと考えられる。姫大神は先の豊国でもみたように、加耶・加羅から渡って越《こし》に上陸してから各地に散った部族の神である。政治や軍事にたけた物部一族のほうが在来部族より先進の養蚕・機織りの技術を手中にしていたのだろう。物部一族は大和の三輪山を中心に部族国家を形成し、同じく葛城山を中心に部族国家を形成した百済《ペクチェ》系の蘇我一族と対立して、六世紀末に大和を舞台とする権力闘争に敗れて中央から衰退した新羅系の豪族である。

貫前神社の境内はほかの神社とは異なった構造をしている「**写真42**」。参道が丹生川の河岸段丘を越える頂上に鳥居をそびえさせ、その鳥居に立つと前の谷底に社殿を見おろすようになっている。現存の社殿は徳川三代将軍家光の寄進になるものと棟札《むなふだ》によってわかっているが、寄進されるまえからそのような構造になっていたのだろう。物部が祀る部族神の経津主神が入ったときに、その構造になったと考えられる。

それは谷底の河原から現れた新たな部族を、もとからいた部族が岸辺で迎え入れたことを示している。利根川をさかのぼって丹生川の谷から、神人がより優れた機織りや養蚕の種や道具や技術をもって現れたのである。

さて、上毛野の支配者の祖は荒田別《あらたわけ》といい、赤城神社の祭神豊城入彦命《とよきいりひこのみこと》から出たという。だとすれば赤城神社のほうが〈上野一之宮〉を名のっても当然なのであるが、そうでなくなったのはやはり貫前のほうが先進技術を獲得して機織りに優れていたからなのだろう。一之宮などというのはあとになってできた国家神道の序列である。また、赤城神社の神名に〈豊城〉とあるのは、文化に優れた当時の朝鮮半島の新羅を〈豊国〉といって新羅の王城がある慶州《キョンジュ》を指していたので、赤城神社の祭神は新羅からきたものであり、一の宮であろうが二の宮であろうが、上野の地域や社会を重層して構成したのが先進文化をもった朝鮮半島出身部族たちであったということにほかならない。

利根川流域には機織りの渡来民が多かった。それは利根川に限らず、太平洋側の伊豆以東でいえば、酒匂川《さかわ》、相模川、多摩川、荒川、そして利根川に、那珂川、さらには久慈川、阿武隈《あぶくま》川にいたるまで、その水系では古来より渡来技術である養蚕がさかんで機織りがおこなわれていた。蝦夷と接する地域に、あらたに、大和の侵略政策として養蚕や機織りが奨められて、朝鮮半島出身部族がその尖兵《せんぺい》になった。「日本書紀」や「続日本紀」がなん回にもわたって大和の権力が朝鮮半島出身者を東国に移住させて郡を置いたと記しているのをみるまでもなく、東国には三世紀ぐらいから稲作や養蚕をもって朝鮮半島から渡った部族や技術が根づいて一定の部族社会を築いていたところに、そこにさらにあとからやってきた朝鮮半島出身部族が重なっていったのである。古代にあっても地域社会は重層している。

# 終章❖カラの石塔

新羅《シルラ》にはじめて仏教が伝わったのは訥祇王《ヌルジワン》の代（四一七〜四五八年）で、高句麗《コクリョ》の僧・墨胡子《ムクコジャ》が一善郡《イルソンクン》（亀尾《クミ》）の毛礼《モレ》の家を訪れて香の名と使い方を教えたという。高句麗に仏教が伝わったのが三七二年というから、それから約半世紀後ということになる。加耶諸国にはどう伝わったかは不明であるが、言い伝えではそれよりずっと以前の紀元一世紀に海路インドから直接金官加耶《クムガンカヤ》に伝わったという。紀元一世紀ということはないだろうが、かなり前なのであろう。国家仏教ではない古代の素朴な仏教のためか、その足跡は残っていない。

ちなみに、百済《ペクチェ》に仏教が伝わったのは三八四年、それが大和・河内の勢力に伝わったのはずっと遅い五三八年、いずれも国際的な緊張状態の中で国家事業として仏教の受容はおこなわれた。民間信仰としては人的交流によって、それ以前のことと考えられる。

新羅には炤知王《ソヂワン》の代（四七九〜五〇〇年）に高句麗の僧・阿道和尚《アドファサン》が三人の弟子を伴って毛礼の家に数年住んで没し、その後弟子たちが布教して新羅の豪族間に仏教が伝わった。法興王《ボプンワン》（在位五一四〜五四〇年）は国家護持のために仏教を公認しようとしたが、貴族たちはこぞって〈僧侶の姿を見ると子供のような髪形で、異国の服を着ている。その議論は奇妙で、怪しげなもので、常識と違っている。もし仏教を許すならのちのち悔やむことになるだろう〉といって反対したという。それに対して近臣の異次頓《イチャトン》は、〈非凡な人がいて奇跡が起こるし、仏教は深遠な教えと聞いているので信じないわけにはいきません〉と異論をとなえて処刑された。異次頓が斬首《ざんしゅ》されたとき切り口から白い乳のような血が湧《わ》き出たのを見た貴族たちは驚き恐れて、五二八年に新羅に仏教の公認が実現したと「三国史記《サムグクサギ》」は伝える。

仏教はインドに発して中国を経由して朝鮮半島に入った。それも単なる信仰ではなく、激動の国家建設期に、高句麗、百済、新羅三国は国家護持として、それぞれ国家がもつべき新しい体系の重要な要素として仏教を受容した。さらには日本列島にも百済との国際関係として大和・河内の勢力に仏教が受容されたことは前にも述べた。仏像や経典、伽藍《がらん》といったことも同様な経路と目的である。そして国家護持のために仏教の堂塔《たっちゅう》伽藍を建てること自体がすでに政治であり、堂塔伽藍の建立は国家権力を象徴するものだった。その中でもとりわけ立派な金堂と高くそびえたつ仏塔が、国家護持の仏教に要求された。

新羅・真興王《ジンフンワン》（在位五四〇～五七六年）のときにはじまり、九十年かけて善徳《ソンドク》女王（在位六三二～六四七年）のときに完成した慶州《キョンジュ》の皇竜寺《ファンニョンサ》［写真**15** 金堂址の巨大礎石］は三つの大金堂の前に高さ八十メートルもある巨大な九重の仏塔《プルタプ》をそびえたたせて新羅王権を誇示するものであった。大官寺を建てて国の礎にしようというのは唐の長安（西安）に学んだものだ。

もともと釈迦は造仏や伽藍の建立を禁じたのでインドにおいては発展せず、伽藍や仏像は伝播《でんぱ》する過程で発展した。経典は釈迦の亡きあと弟子たちが集会を開いて、釈迦が語った言葉を集めて梵語《ぼんご》で編纂《へんさん》し、長年月かけてつくりかえをしながら発展させ、中国に入って漢訳されることによって仏教は辺境の朝鮮半島や日本列島に伝わることが可能になった。仏像や堂塔伽藍に関しても同様に、中国に入って中華風の堂塔伽藍を構えることで朝鮮半島や日本列島に伝わることが可能になったし、仏像もまた中華風になって東進し、堂塔伽藍もそれぞれの地域にふさわしいものに姿を変えた。儒教や道教とも習合した。

金堂や講堂が中国に入ったときには官衙《かんが》（役所）の建物をそのまま流用したのではないかといわれている。棟の両端に戴く鴟尾《しび》が竜の落とし子の形象で、それはもともと中国皇帝の官衙を表すものだったのである。朝鮮三国や日本には棟の両端に鴟尾を戴くのが仏教伽藍として当然のこととして入ってきた。そして、伽藍の配置や堂塔の形はあくまでも中華風のものが原型になって朝鮮半島の三国や日本列島に仏教様式として伝わって、土着するにあたりそれぞれの風土に合うように工夫をこらした。堂塔伽藍や仏像の視覚化によって仏教は理解され、堂塔伽藍があることで仏教は国家の宗教になった。

仏塔にかんしては、釈尊の舎利（遺骨）を地中に埋めて土を饅頭《まんじゅう》形に築きあげた姿の、サンスクリットのストゥーパを中国語の音にあてて訳した浮図あるいは塔婆《とうば》のことで、それを略して塔と呼び、塔は仏陀《ぶっだ》の存在を象徴するものである。円形で土饅頭形のストゥーパは、護国仏教の伽藍としてはなかなか受けいれられず、中国では九層や十三層と高くそびえる四角い楼閣の最上層の屋根の形をストゥーパに模《かたど》って寺院の中心に据えた。つまり、仏塔は中国に入ってから、木構造で角ばってたちあがる権威的な建造物になったのだ。

木造楼閣式の仏塔には造形的な自由さがあるのだが、火災に弱く、とりわけ高い仏塔は雷の火災に遭いやすい。そのため唐代に入ると仏塔の多くは磚《せん》（レンガ）造に変わっていくが、形態は楼閣式を継承して、長安の大雁塔（六五二年）などにみられるずんぐりとした高層の楼閣の姿をしている。仏塔は新羅には百済や高句麗を通して木造楼閣と磚造楼閣の両方式が入って、それは仏法で治める律令国家の権威を造景する重要な要素となった。

そのように権威的な護国仏教としての伽藍の発展に対して石塔の展開は異なっている。石塔は楼閣の建築物ではなく、土饅頭形から発する石積みを原型としているからである。

そもそも伽藍の建立を許さなかった釈迦は粗末な衣服で洞窟《どうくつ》などを宿として流浪し、釈迦亡きあとの仏典編纂会議も人里離れた山中の洞窟内であったと伝えられている。仏教は国家権力と一線を画することもあったし、国家護持の法ではなく、堂塔伽藍を介することなく、僧侶によって人間済度で信仰を追求することがあった。そういった仏教の神髄とでもいうものは、国家が成立してから国際関係として仏教を伝え、受容するといったこととは関係なく、人間同士の交流によって国境や海を越え、民間信仰の形で伝わっていった。

権力に寄りそうことを俗として、それを無視して信仰に励む聖なるありかたは国家護持のための仏教受容とは別に民間信仰の形で深く静かに浸透していった。七堂伽藍や大仏を構える国家の大官寺などとは関係なく、小さな念持仏をもって渡り、石塔を建てて仏の存在とする素朴な仏教というのがあった。国家を権威づけて高くそびえる仏塔とは逆に、仏法の象徴として、土饅頭形のストゥーパを起源とする石塔というものがあった。

仏教の土饅頭形ストゥーパの原型は、中国以東においては、仏教以前からあった山岳信仰の積み石塚と習合して積み石式石塔となって伝わっていった。

慶尚北道《キョンサンブクド》の慶州から西に二十キロメートル離れた玉山里《オクサンニ》の野中に、小高い道徳山《トドクサン》を背にして高さ七メートルほどの〈石塔〉が建っている［写真**43**］。浄恵寺《ジョンヘサ》の址《あと》であるが、この石塔しか残っていないし、寺院建立の年代も定かではない。

43

積み石基壇の上の初層は四隅に石の角柱を大きくとって四面に開口部をひらき、三重の持ち送りで屋蓋を受けている。これは石塔でありながら木造楼閣の姿である。方形屋蓋の四隅はすこしはねあげて軽快感をかもしだす。二層以上は小ぶりに屋蓋を積み重ねて、やはり四隅ははねあげてメリハリをつけ、飾りけのない、全体はきわめて端正ないでたちである。二層以上の屋蓋を積み重ねた姿は楼閣の上にストゥーパをのせた中国の塔の発展系である。

初層のみではあるが石組みの空間をつくりだし、ずっしりと落ちついたなかにも上にすっきりと伸びるプロポーションはなかなかすばらしい。これは作風からして統一新羅以降のものである。この石塔を建てたときの唐に対抗する気概が過剰な粉飾を排したようで、この石塔にはなんのけれんみや力みもみられない。カラの文化を中心にさまざまな文化をすべて包含した石塔には余裕の気分が伝わる。国家仏教以前の古代仏教にもどったかのようである。この石塔の端正な姿には心地よい緊張感とともに一種のすがしさを覚える。

新羅仏教を高め深めたものに、長安の玄奘《げんじょう》に学ぶため渡唐をともに試みた義湘《ウイサン》と元曉《ウォンヒョ》のふたりの僧がいた。ふたりは高句麗の国境で間諜《かんちょう》と疑われて渡唐が叶《かな》わなかった。

十年ほどたって義湘はふたたび渡唐を企て成功して、長安の終南山至相寺の智儼に華厳を学び、帰国して華厳を広めて新羅仏教の指導者になり、〈海東華厳の祖〉と呼ばれるようになった。いわば、義湘は権力に近い正統派である。義湘は多くの官寺を開いている。

一方の元曉は破戒僧で、どこぞのお姫様との間に子供をもうけて還俗したという。元曉は在家で仏典の著述をし、村々を放浪しながら民衆とともに名号を唱え、讃仏を謳《うた》って民衆に仏教を広め新羅仏教の中心人物になった。釈迦本来の姿にもどったのである。

義湘は古代国家形成期に国家の礎として仏教を広めて権威を高め、元曉は国家や権威とは関係なしに民衆に仏法を布教した。元曉の名の〈元《ウォン》〉は太陽、〈曉《ヒョ》〉は輝くことで、元曉とは、新羅に釈迦がはじめて現れたことを意味するといわれている。

伽藍をすべて失ったまま玉山里の野中に毅然《きぜん》として立つ端正な姿の石塔をみていると、名誉などを度外視してひたすら布教を実践した元曉のことなどが思われる。

同時に、前章で触れた〈楽浪《さざなみ》の志賀にたたずむ石塔〉［写真**37**］を思いだしてほしい。〈楽浪の志賀にたたずむ石塔〉は朝鮮半島から新天地を求めて日本列島に渡った加耶《カヤ》・加羅《カラ》人が志賀・渡来山の山頂に建てたものであった。志賀は七世紀のいっとき覇権争いの舞台になった土地であったが、そこはもともとさまざまな先進文化をもって渡った加耶・加羅人や百済人、そして高句麗人や新羅人たちが生き生きと割拠して過ごした盆地で、蓬萊山のもと、水の女神サラスバティ（弁財天）を祀《まつ》る琵琶湖のほとりなのである。

志賀の石塔は、加耶・加羅を舞台に仏教のストゥーパが伝わることで道教と習合して百済で石積みのような仏塔になったものが日本列島に伝わったものである。加耶・加羅は一世紀に天竺《てんじく》（インド）より直接古代仏教が伝わったと言い伝えるところで、加耶・加羅を併合した百済は四世紀に東晋から護国仏教を受容して国教にしたところである。さまざまな祭神や種族がさまざまな信仰をもってともに暮らす理想郷を絵にしたような〈楽浪の志賀〉は、ポテンシャルにあふれたカラが日本列島のどまん中に引っ越してきたようなものなのだ。

その〈楽浪の志賀〉にたたずむ石塔の姿は、鈴鹿山麓《ろく》の渡来山の頂に、自然石をそのまま重ねたような姿で建っている［写真37］。それは単なる石塔ではなく、仏教の三重塔に十輪の石を重ねたような形をしている。仏塔でありながら自然石を十三も重ねた素朴な信仰の姿は、朝鮮半島南端の辺境の地にあって、東西南北の生活文化を集合してパワーを蓄えた加耶・加羅が中央の権力に反抗した意地の造景なのだと思われる。

すべての文化を集約した中央の権力に対して、さまざまな文化が共存する辺境の意地をぐっと押しこめた末の素朴な姿なのだ。カラが輝いてみえたのはそういうことだった。

それはまた、大和飛鳥の於美阿志《おみあし》神社の十三層石塔［写真36］とも重なってくる。

於美阿志神社は七世紀にできて隣接の檜前《ひのくま》寺と習合したもので、十三層の石塔は、四〜七世紀に高市の地域を占めた東漢《やまとのあや》が入郷祖の阿智王を釈迦の来迎にみたてて石塔にしたものが残ったのであった。廃寺になった檜前寺の址には木造塔の心礎が残っていて、心礎にはあきらかに瑠璃《るり》（仏舎利）を納めた穴が穿《うが》ってあるので、ほんらいの仏塔はあくまでも檜前のほうである。於美阿志神社の十三層石塔は石積みで、東漢が祖先神を祭祀するにあたって仏塔の形を借りたものだ。東漢のもとをたどれば咸安《ハマン》の阿羅加耶《アラカヤ》を出自としている。加耶・加羅は山岳信仰や祖先の崇拝、そして古代仏教までも色濃く帯びていた。

さらに、対馬・天神多久頭魂《てんじんたくずたま》の二双の石積み塔［写真27］では、天道山の麓《ふもと》にあって天道祭祀《さいし》の磐境《いわさか》をあらわす山岳信仰の石積み塔で、仏教が入る以前の道教の姿であった。そして対馬は三世紀末の「魏志東夷伝」がいうように、狗邪韓国（金海《キメ》）を北岸にして、絶海の孤島の倭諸国のひとつであると同時に、洛東江《ナクトンガン》でつながる金海以北の加耶諸国と人種的、文化的、言語的に一体となったカラ地域であった。この地域は東アジアの東端の朝鮮半島のさらに南端で、極東の日本列島が弓なりになって東南アジアへ延びようとする弓に矢をつがえたような地点、カラに位置して、中央アジアからみれば辺境の地にみえても周辺地域にとっては要《かなめ》の位置にあたっていて、東西南北文化の交流するところであると同時に古い文化が滞留するカラなのである。

讃岐の阿野《あや》からはじまったカラを求める長い旅は、〈韓《から》の石塔〉によって大団円をむかえた。

# おわりに

カラを求める望郷の旅は一九七九年からはじまり、一九九九年まで、約二十年にわたっている。カラはわたしの遠い祖先の故地である。

わたしは祖母が出た讃岐でカラに目覚め、カラの故地である加耶諸国に飛んでから、カラのポテンシャルを吸収して朝鮮半島を席巻した新羅《シルラ》の千年王都慶州《キョンジュ》にいたった。とって返して耽羅《タムラ》（済州島《チェジュド》）、対馬をみながら筑紫、豊国、琉球、伊予、淡路とカラの足跡をたどり、飛鳥、近江の国家形成でカラがどのように変質して、そのカラが地下水脈に流れて武蔵や毛野の東国にどのように湧出したのかについて、わたしは考えた。カラはけっして小さく固まった偏狭なものではない。結果として、「内なるカラ」の旅は極東アジアの古代歴史紀行になった。

わたしがめぐった韓《から》の地には、古代のカラが現代に伝わるものとして、藁葺《わらぶ》きの〈草舎《チョサ》〉が生きていた。さらに、慶尚北道の浄恵寺《ジョンヘサ》址や、滋賀の石塔寺《いしどうじ》、飛鳥の於美阿志《おみあし》神社、対馬の天神多久頭魂《てんじんたくずたま》などに残る石積みの塔に、多くのありかたを包含したカラの神髄をみる思いがした。

その間に心に映る風景として撮った写真は膨大な量になるが、ここでは四十三カットを選んで掲載した。

『内なるカラ』の出版は、社会評論社代表、松田健二氏の英断による。
編集、特に原稿校正にあたっては、フリー編集者の田代敦子さんに多くを委ねた。
ハングルの読みは李民洙《イミンス》氏に、正確な発音に近いルビになるようにお願いした。
冊子としての表現やレイアウトは臼井新太郎氏の発案によるものである。
『内なるカラ』の出版は以上の方々の協力の結果であり、深く皆様のご協力に感謝している。
『内なるカラ』の旅はカラとはなにかを求める古代歴史紀行としてまとまったが、つぎにはカラがどのように展開したのかについて、わたしがもっとも関心を寄せる建築を『韓の建築』としてまとめる。『内なるカラ』と『韓の建築』とは双子の冊子として考えている。

二〇一二年十一月十一日

綾井　健

## ●掲載写真リスト

| [掲載番号] | [写真] | [撮影場所] | [撮影年月] |
|---|---|---|---|
| **序章❖アヤとカラ** | | | |
| 1 | 城山と綾川 | 香川県白峯 | 一九九九・〇五 |
| 2 | 城山の山城址 | 香川県城山 | 一九九九・〇五 |
| **第一章❖カラをいく** | | | |
| 3 | 伝金首露王妃墓 | 慶尚南道金海 | 一九九二・〇四 |
| 4 | 亀旨峰の支石墓 | 慶尚南道金海 | 一九九二・〇四 |
| 5・6 | 末山里古墳 | 慶尚南道咸安 | 一九九二・〇四 |
| 7 | 伝阿羅国王宮址 | 慶尚南道咸安 | 一九九二・〇四 |
| 8・9 | 池山洞古墳群 | 慶尚北道高霊 | 一九九二・〇四 |
| 10 | 主山の山城址 | 慶尚北道高霊 | 一九九二・〇四 |
| 11・12 | 菁堤池 | 慶尚北道永川 | 一九九二・〇四 |
| 13 | 真興王拓境碑 | 慶尚南道昌寧 | 一九九二・〇四 |
| 14 | 古墳公園 | 慶尚北道慶州 | 一九九二・〇四 |
| 15 | 皇竜寺金堂礎石 | 慶尚北道慶州 | 一九九二・〇四 |
| 16 | 芬皇寺石塔 | 慶尚北道慶州 | 一九七九・一〇 |
| 17 | 占星台 | 慶尚北道慶州 | 一九七九・一〇 |
| 18・19 | 感恩寺 | 慶尚北道竜堂 | 一九九二・〇四 |
| 20 | 大王岩 | 慶尚北道奉吉 | 一九八六・〇八 |
| 21 | 鮑石亭曲水池 | 慶尚北道慶州 | 一九九二・〇四 |
| 22 | 三姓穴 | 済州道済州 | 一九九一・一二 |
| 23 | 婚姻穴 | 済州道温坪 | 一九九一・一二 |
| **第二章❖草舎はカラの住まい** | | | |
| 24・25 | 草舎 | 慶尚北道良洞 | 一九七九・一〇 |
| **第三章❖カラの痕跡をたどる** | | | |
| 26・27 | 天神多久頭魂 | 長崎県対馬・佐護 | 一九九二・〇六 |
| 28 | 金田城山 | 長崎県対馬・金田 | 一九九二・〇六 |
| 29 | 鋸割岩 | 長崎県対馬・金田 | 一九九二・〇六 |
| 30 | 宗像神社の高宮 | 福岡県宗像 | 一九九二・〇二 |
| 31 | 臼杵磨崖仏／古園 | 大分県臼杵 | 一九七二・〇八 |
| 32 | 竹富島の御嶽 | 沖縄県竹富島 | 一九七四・〇六 |
| 33 | 外泊の石垣 | 愛媛県外泊 | 一九九九・〇三 |
| 34 | 石舞台古墳 | 奈良県明日香 | 一九八八・一二 |
| 35 | 檜前寺の塔心礎 | 奈良県檜前 | 一九八八・一二 |
| 36 | 於美阿志神社の石塔 | 奈良県檜前 | 一九八八・一二 |
| 37 | 石塔寺の阿育王塔 | 滋賀県石塔 | 一九九二・一一 |
| 38 | 吉見百穴 | 埼玉県東松山 | 一九七八・〇三 |
| 39 | 安楽寺の岩戸 | 埼玉県東松山 | 一九七三・〇七 |
| 40・41 | 法性寺の岩船と祠 | 埼玉県秩父 | 一九七七・〇六 |
| 42 | 貫前神社 | 群馬県甘楽 | 一九九五・〇四 |
| **終章❖カラの石塔** | | | |
| 43 | 浄恵寺址十三層石塔 | 慶尚北道玉山 | 一九七九・一〇 |

## ●参考文献


「讃岐の歴史と文化の散歩道2　坂出・綾歌地区」香川県教育委員会　一九九三・三刊
「朝鮮・韓国を知る本」別冊宝島39　ジック出版局　一九八四・二刊
『古代朝鮮』井上秀雄　講談社学術文庫　二〇〇四・一〇刊
『古代日本と朝鮮・中国』直木孝次郎　講談社学術文庫　一九八八・九刊
『加耶国と倭地』尹錫暁　新泉社　一九九三・一〇刊
『古代朝鮮仏教と日本仏教』田村圓澄　吉川弘文館　一九八〇・六刊
〈韓のくに紀行〉司馬遼太郎『街道をゆく2』朝日新聞社　一九七八・一〇刊
『日本の朝鮮文化』座談会　司馬遼太郎ほか　中公文庫　一九八二・三刊
〈高麗神社の祭りの笛〉坂口安吾『安吾新日本地理』角川文庫　一九七四・一刊
『三国史記』上下　井上秀雄訳　平凡社東洋文庫　一九八〇、八一刊
『魏志倭人伝』石原道博編訳　岩波文庫　一九八五・五刊
『日本書紀』上下　宇治谷孟編　講談社学術文庫　一九八八・六、八刊
『対馬の歴史探訪』永留久恵　杉屋書店　一九八二・九刊
『沖ノ島と古代祭祀』小田富士雄　吉川弘文館　一九八八・八刊
〈外泊集落の歴史と生活〉東京芸大建築科『国際建築』美術出版社　一九六六・四刊

# 内なるカラ

❖アジアの土につながる

●著者紹介

綾井 健　あやい・たけし

一九四一年東京生まれ。

建築雑誌の編集をかわきりに、建築設計事務所の開設、インテリアショップの運営、各種企画・編集、デザインをおこなう間、韓国に通って月刊「マダン」誌の編集や温陽民画美術館の展示計画に関わりながら古建築や遺跡を訪ね歩き、東京でインテリア誌の編集の後、高知県に居を定めて、量販店の店舗開発や営繕、高齢者介護施設の立ちあげなどに関わる。

現在は、介護施設の宿直をしながら、〈四国遍路〉の取材を進めている。

著書：『日本建築百葉集』洋泉社一九九一年刊、『記憶の〈軍艦島〉』リーブル出版 二〇〇六年刊

■二〇一三年五月一五日
初版第一刷発行

著者■綾井 健
発行者■松田健二
発行所■株式会社 社会評論社
〒一一三-〇〇三三
東京都文京区本郷二-三-一〇
お茶の水ビル
電話■〇三-三八一四-三八六一
FAX■〇三-三八一八-二八〇八
Eメール■info@shahyo.com
HP■http://www.shahyo.com
装釘■臼井新太郎
印刷 製本■倉敷印刷株式会社


ISBN978-4-7845-1515-8 C0030

本書の姉妹篇　2013年9月刊行予定

# 韓《カラ》の建築

## ❖原風景を訪ねて

綾井 健

一三年間にわたる韓国各地の建築をたどる旅。流浪の建築家・上里義輝との出会いと別れ。その時期は軍事政権が崩壊して、新しい体制に移行する激動の時代であった。ソウルの風景は刻々と変化していた。

しかしソウルから離れれば、古代の王権がつくりだした造景が残り、カラと呼ばれていた韓地の遺跡がつぎの中世の造景につながっている。一方、唐の都市づくりにならってはじまった韓の建築は、李朝に入ってから都市や邑里の風景が独特の様相をもつようになっていった。

韓の建築の原風景を探訪する紀行文。収録写真六五カット。

社会評論社